Inhalt

6 **Aufläufe, Gratins & Co.**
Überbackene Pasta-, Kartoffel- und Gemüsegerichte mit goldgelber Kruste – von klassisch bis exotisch.

54 **Pizza, Quiche & Co.**
Krosse Teige mit herzhaftem Belag und saftiger Füllung – hier kommt der Knusper-Genuss aus dem Ofen.

108 **Auf einen Blick**
Hier findest du alle Rezepte – übersichtlich von A–Z sortiert.

110 **Lust auf …**
Du hast heute Appetit auf Fleisch oder Mediterranes? In dieser Übersicht findest du je nach Lust und Laune das richtige Rezept für dich.

112 **Impressum**

QR-Code scannen und Einkaufslisten und Kochvideos entdecken

Rezeptinfos

SmartPoints Wert und zusätzlich kcal/kJ pro Person/Glas/Stück

Dieses Symbol zeigt dir, wie du das Rezept variieren kannst.

Gut zu wissen – Tipps und Tricks sowie hilfreiche Warenkunde erkennst du an diesem Symbol.

Video

Film ab! Entdeckst du dieses Symbol an einem Rezept, gibt es dazu ein Kochvideo. Einfach den QR-Code auf dieser Seite scannen.

Extra für dich: Auf den Rezeptseiten erfährst du direkt neben dem SmartPoints Wert, ob ein Rezept gluten- oder laktosefrei, vegan oder vegetarisch ist. Die Kennzeichnung ist rein informativ und nicht verbindlich. Es liegt in der persönlichen Verantwortung zu püfen, ob die verwendeten Lebensmittel die Anforderungen erfüllen. Zusätzlich findest du auch eine Info, wenn sich ein Gericht gut zum Einfrieren eignet.

Fertig in: Hier sind alle Vorbereitungsschritte, Marinier-, Gar- und Backzeiten eingerechnet.

Davon aktiv: Diese Zeitangabe sagt dir, wie lange du wirklich mit Schnippeln und Rühren beschäftigt bist.

Infos
Genießen
Andreas
-17 kg
Svenja
-27 kg
Mit Weight Watchers
8x mehr
abnehmen
als allein![1]

& trotzdem abnehmen

Willkommen in der Weight Watchers Welt.

Weight Watchers bietet dir ein modernes, ganzheitliches Programm, das auf jeden Teilnehmer individuell zugeschnitten wird und ausgewogene Ernährung, Bewegung und Motivation kombiniert – so, wie du es brauchst. Dabei steht Abnehmen natürlich weiter klar im Mittelpunkt, doch unsere Philosophie geht weit darüber hinaus.

Wir möchten zu einem guten Lebensgefühl beitragen. Zu besserer, ausgewogener Ernährung. Zu attraktiverem Aussehen und positiver Ausstrahlung.

Treffen

Mit einer starken Community und der persönlichen Unterstützung unserer Coaches zum Wunschgewicht.

- **Motivation, Inspiration und hilfreiche Ratschläge unserer Coaches.**
- **Gemeinsamer Austausch, Hilfestellung und Motivation in der Community.**
- **Neueste Erkenntnisse zum Thema Ernährung, von Experten gebündelt.**

Online

Ob unterwegs, in der Bahn oder zu Hause aus dem Wohnzimmer – mit Weight Watchers Online und der passenden App bist du always on.

- **Wähle aus über 6.000 Rezepten und 60.000 Lebensmitteln aus unserer Datenbank.**
- **Barcode-Scanner für sofortigen SmartPoints Check im Supermarkt.**
- **Tausche dich über die App mit deiner Community aus und lass dich jeden Tag aufs Neue motivieren.**

Alle Infos zu unserem Programm gibt es unter www.weightwatchers.de

[1]Gewichtsabnahme wurde mit Weight Watchers Meeting und Online-Tools erreicht.

Aufläufe, Gratins & Co.

Fruchtiger Kokos-Hähnchen-Auflauf

9 SmartPoints Wert

fertig in: 75 Minuten | davon aktiv: 35 Minuten
laktosefrei
365 kcal | 1531 kJ

Hähnchenbrustfilet abspülen, trocken tupfen und in Stücke schneiden. Für die Marinade Limette auspressen, Limettensaft mit Sojasauce, Currypulver und 1/2 TL Kreuzkümmel verrühren und mit Pfeffer würzen. Marinade und Hähnchenbruststücke in einen Gefrierbeutel geben, gut verkneten und im Kühlschrank ca. 30 Minuten marinieren.

Backofen auf 200° C (Gas: Stufe 3, Umluft: 180° C) vorheizen. Zwiebel schälen und würfeln. Öl in einem Topf auf hoher Stufe erhitzen und Zwiebelwürfel darin ca. 3 Minuten glasig andünsten. Mit passierten Tomaten und Kokosmilch ablöschen, mit Honig und restlichem Kreuzkümmel verfeinern, salzen, pfeffern und kurz aufkochen. Broccoli waschen, in Röschen teilen, in Salzwasser ca. 3 Minuten vorgaren und abgießen. Mango schälen, das Fruchtfleisch vom Stein schneiden und grob würfeln.

Hähnchenbruststücke abtropfen lassen, mit Mangowürfeln und Broccoliröschen in einer Auflaufform (ca. 20 x 30 cm) mischen, Sauce darübergeben und Auflauf im Backofen auf mittlerer Schiene ca. 40 Minuten garen. Reis nach Packungsanweisung in Salzwasser mit Kurkuma garen. Auflauf mit Kokosraspeln bestreuen und mit Kurkumareis servieren.

Für 4 Personen:

- **500 g Hähnchenbrustfilet**
- **1 Limette**
- **4 EL Sojasauce**
- **1 TL Currypulver**
- **1 TL Kreuzkümmel**
- **Salz, Pfeffer**
- **1 Zwiebel**
- **2 TL Rapsöl**
- **400 g passierte Tomaten (Konserve)**
- **160 ml fettreduzierte Kokosmilch**
- **1 TL Honig**
- **600 g Broccoli**
- **1 Mango**
- **160 g trockener Basmatireis**
- **1/2 TL Kurkuma**
- **1 EL Kokosraspel**

Exotische Schnitzel-Hawaii-Lasagne

12 SmartPoints Wert

fertig in: 65 Minuten | davon aktiv: 25 Minuten
429 kcal | 1807 kJ

Schnitzel trocken tupfen und in Streifen schneiden. Öl in einer Pfanne auf hoher Stufe erhitzen und Schnitzelstreifen darin ca. 3 Minuten rundherum anbraten. Mit Salz, Pfeffer, Paprika- und Currypulver würzen und herausnehmen. Backofen auf 200° C (Gas: Stufe 3, Umluft: 180° C) vorheizen.

Zwiebel schälen und in Streifen schneiden, Ananasstücke abtropfen lassen. Zwiebelstreifen im Bratensatz anbraten, mit Tomaten ablöschen, Ananasstücke und Schnitzelstreifen unterheben, mit Salz, Pfeffer und Oregano würzen und aufkochen. Sauce Hollandaise nach Packungsanweisung mit Wasser zubereiten.

Schnitzel-Ananas-Sauce, Lasagneplatten und Sauce Hollandaise im Wechsel in eine Auflaufform (ca. 15 x 20 cm) schichten, mit Käse bestreuen und im Backofen auf mittlerer Schiene ca. 40 Minuten backen. Schnitzel-Hawaii-Lasagne servieren.

Für 2 Personen:

- 120 g Schweineschnitzel
- 1 TL Rapsöl
- Salz, Pfeffer
- 1 TL Paprikapulver
- 1/2 TL Currypulver
- 1 kleine Zwiebel
- 3 EL Ananasstücke ohne Zucker
- 400 g passierte Tomaten (Konserve)
- 1 TL gehackter Oregano
- 1 Beutel fettarme Sauce Hollandaise
- 200 ml Wasser
- 6 trockene Lasagneplatten
- 5 EL geriebener Käse, 30 % Fett i. Tr

Du magst es schnell und genussvoll? Dann ist die Weight Watchers Lasagne Bolognese für 8 SmartPoints eine gute Alternative.

Weißkohl-Tofu-Gratin

11 SmartPoints Wert

fertig in: 85 Minuten | davon aktiv: 40 Minuten
vegetarisch
341 kcal | 1425 kJ

Weißkohl putzen, vierteln, den Strunk entfernen und Kohl in Streifen schneiden. Zwiebeln schälen und in Würfel, Kartoffeln schälen und in Scheiben schneiden. Backofen auf 180° C (Gas: Stufe 2, Umluft: 160° C) vorheizen.

Kartoffelscheiben in Salzwasser ca. 6 Minuten vorgaren und abgießen. Öl in einer Pfanne auf hoher Stufe erhitzen, Weißkohlstreifen und Zwiebelwürfel darin ca. 5 Minuten anbraten, mit Mehl bestäuben und kurz anschwitzen. Mit Cremefine und Brühe ablöschen und aufkochen. Schnittlauch waschen, trocken schütteln und in Ringe schneiden. Weißkohl mit Salz, Pfeffer, Schnittlauch, Kümmel und Senf würzen.

Tofu würfeln und mit Weißkohl und Kartoffelscheiben in eine Auflaufform (ca. 20 x 30 cm) füllen. Mit Käse bestreuen, im Backofen auf mittlerer Schiene ca. 45 Minuten backen und Weißkohl-Tofu-Gratin servieren.

Für 4 Personen:

1 kleiner Weißkohl (ca. 800 g)
2 Zwiebeln
800 g festkochende Kartoffeln
Salz, Pfeffer
1 TL Rapsöl
1 EL Mehl
125 ml Cremefine zum Kochen, 15 % Fett
125 ml Gemüsebrühe (1/2 TL Instantpulver)
1/2 Bund Schnittlauch
1 TL Kümmel
1 TL Senf
200 g Räuchertofu
100 g geriebener Käse, 30 % Fett i. Tr.

Gefüllte Schmorgurke mit Räucherlachs

11 SmartPoints Wert

fertig in: 65 Minuten I davon aktiv: 45 Minuten
370 kcal I 1559 kJ

Für 4 Personen:

- **1/2 Bund Dill**
- **2 Schalotten**
- **400 g festkochende Kartoffeln**
- **Salz, Pfeffer**
- **4 Schmorgurken (à 400 g)**
- **1/2 Zitrone**
- **150 g Crème légère**
- **200 ml Gemüsebrühe (1 TL Instantpulver)**
- **160 g trockener Langkornreis**
- **2 EL gemischte gehackte Kräuter (z. B. Petersilie, Dill und Kerbel)**
- **4 Scheiben Räucherlachs (à 50 g)**

Dill waschen, trocken schütteln und hacken. Schalotten und Kartoffeln schälen und in Würfel schneiden. Kartoffelwürfel in Salzwasser ca. 10 Minuten garen und abgießen. Gurken schälen, längs halbieren, Kerne mit einem Löffel entfernen und Gurken salzen und pfeffern. Zitronenhälfte auspressen. Backofen auf 180° C (Gas: Stufe 2, Umluft: 160° C) vorheizen.

Crème légerè, Dill, Schalottenwürfel und Zitronensaft verrühren, mit Salz und Pfeffer würzen. Kartoffelwürfel unter die Creme geben und Gurkenhälften damit füllen. Gurken in eine Auflaufform (ca. 20 x 30 cm) setzen, die Hälfte der Brühe angießen und im Backofen auf mittlerer Schiene ca. 40 Minuten garen. Zwischendurch bei Bedarf Brühe nachgießen.

Reis nach Packungsanweisung in Salzwasser garen und mit Kräutern verfeinern. Räucherlachs in Streifen schneiden. Schmorgurken mit Räucherlachsstreifen garnieren und mit Kräuterreis servieren.

Gemüse-Nudel-Auflauf mit Rucolapesto

12 SmartPoints Wert™

fertig in: 60 Minuten | davon aktiv: 35 Minuten
482 kcal | 2018 kJ

1 TL Öl in einer Pfanne auf hoher Stufe erhitzen, Tatar darin ca. 3 Minuten krümelig braten, mit Salz, Pfeffer und Paprikapulver würzen, herausnehmen und 100 g Frischkäse mit Ei unterrühren. Zucchini und Lauch waschen, Zucchini in Scheiben, Lauch in Ringe schneiden. Champignons trocken abreiben und vierteln. Backofen auf 180° C (Gas: Stufe 2, Umluft: 160° C) vorheizen.

Nudeln nach Packungsanweisung in Salzwasser garen. Restliches Öl im Bratensatz auf mittlerer bis hoher Stufe erhitzen und Zucchinischeiben, Lauchringe und Champignonviertel darin ca. 8 Minuten braten. Tomatenmark zufügen, anschwitzen und mit passierten Tomaten ablöschen. Sauce mit Kräutern und Zucker verfeinern.

Tatar, Nudeln und Sauce in einer Auflaufform (ca. 20 x 30 cm) mischen. Tomate waschen, in Scheiben schneiden, Auflauf damit belegen, mit Käse bestreuen und im Backofen auf mittlerer Schiene ca. 30 Minuten backen.

Rucola waschen, trocken schleudern, mit Wasser und restlichem Frischkäse pürieren, salzen, pfeffern. Gemüse-Nudel-Auflauf mit Rucolapesto servieren.

Für 4 Personen:

- **3 TL Rapsöl**
- **400 g Tatar**
- **Salz, Pfeffer**
- **1/2 TL Paprikapulver**
- **150 g Kräuterfrischkäse, bis 1 % Fett absolut**
- **1 Ei**
- **500 g Zucchini**
- **1 große Stange Lauch**
- **250 g braune Champignons**
- **200 g trockene Fusilli**
- **2 EL Tomatenmark**
- **400 g passierte Tomaten (Konserve)**
- **1 EL Kräuter der Provence**
- **1 Prise Zucker**
- **1 Fleischtomate**
- **140 g geriebener Käse, bis 30 % Fett i. Tr.**
- **80 g Rucola**
- **1 EL Wasser**

Schweinefiletgratin auf Brot

10 SmartPoints Wert

fertig in: 50 Minuten | davon aktiv: 30 Minuten
625 kcal | 2607 kJ

Schweinefilet trocken tupfen und in Scheiben schneiden, Champignons trocken abreiben und vierteln. Gewürzgurken abtropfen lassen und 2 Gurken in Würfel schneiden.

2 TL Öl in einer Pfanne auf hoher Stufe erhitzen und Schweinefiletscheiben darin portionsweise 1–2 Minuten von jeder Seite anbraten. Mit Salz und Pfeffer würzen und in eine Auflaufform (ca. 20 x 30 cm) legen. Backofen auf 200° C (Gas: Stufe 3, Umluft: 180° C) vorheizen.

Restliches Öl im Bratensatz auf mittlerer bis hoher Stufe erhitzen und Champignonviertel darin ca. 3 Minuten braten. Gurkenwürfel zugeben, mit Wasser und Cremefine ablöschen und aufkochen. Saucenbinder einrühren und kurz weiterköcheln lassen. Sauce mit Frischkäse und Estragon verfeinern, mit Salz und Pfeffer abschmecken und über die Filetscheiben geben.

Camembert in Scheiben schneiden, Gratin damit belegen und Preiselbeeren auf dem Käse verteilen. Im Backofen auf mittlerer Schiene ca. 15 Minuten überbacken, auf Brotscheiben anrichten und Schweinefiletgratin auf Brot mit restlichen Gurken servieren.

Für 4 Personen:

500 g Schweinefilet
500 g Champignons
1 Glas Gewürzgurken (360 g Abtropfgewicht)
3 TL Rapsöl
Salz, Pfeffer
100 ml Wasser
125 ml Cremefine zum Kochen, 7 % Fett
1 TL heller Saucenbinder
100 g Frischkäse, bis 1 % Fett absolut
1 TL gehackter Estragon
100 g Camembert, 30 % Fett i. Tr.
1 EL Preiselbeeren (Konserve)
4 Scheiben Roggenmischbrot

Sauerkraut-Schnitzel-Auflauf mit Apfel

9 SmartPoints Wert

fertig in: 60 Minuten | davon aktiv: 35 Minuten
624 kcal | 2600 kJ

Kartoffeln schälen, in Würfel schneiden und in Salzwasser 10–15 Minuten vorgaren. Schweineschnitzel trocken tupfen und in Streifen schneiden. Apfel vierteln, entkernen, mit Zwiebel schälen, Apfel in Würfel und Zwiebel in Streifen schneiden. Paprika waschen, entkernen und in Stücke schneiden. Backofen auf 180° C (Gas: Stufe 2, Umluft: 160° C) vorheizen.

Öl in einer Pfanne auf hoher Stufe erhitzen und Schnitzelstreifen darin ca. 3 Minuten rundherum anbraten. Sauerkraut, Apfelwürfel, Zwiebelstreifen und Paprikastücke zugeben und kurz mitbraten. Frischkäse einrühren, mit Honig verfeinern und mit Salz, Pfeffer, Paprikapulver und Kümmel würzen.

Kartoffelwürfel abgießen und mit Sauerkraut-Schnitzel-Masse in einer Auflaufform (ca. 25 x 30 cm) mischen. Harzer Käse in Scheiben schneiden, auf dem Auflauf verteilen und im Backofen auf mittlerer Schiene 20–25 Minuten backen. Sauerkraut-Schnitzel-Auflauf servieren.

Für 4 Personen:

800 g festkochende Kartoffeln
Salz, Pfeffer
600 g Schweineschnitzel
1 kleiner süßlicher Apfel (z. B. Gala)
1 Zwiebel
1 rote Paprika
2 TL Rapsöl
1 Dose Sauerkraut (770 g Abtropfgewicht)
200 g Frischkäse, bis 1 % Fett absolut
1 TL Honig
1/2 TL Paprikapulver
1 Prise gemahlener Kümmel
100 g Harzer Käse

Cannelloni mit Gemüsefüllung

8 SmartPoints Wert

fertig in: 85 Minuten | davon aktiv: 40 Minuten
239 kcal | 1008 kJ

Zwiebel schälen. Cocktailtomaten und Paprika waschen. Paprika entkernen und mit Cocktailtomaten und Zwiebel in feine Würfel schneiden. Öl in einer Pfanne auf hoher Stufe erhitzen und Zwiebelwürfel darin ca. 2 Minuten anbraten. Paprikawürfel zugeben, ca. 4 Minuten mitdünsten und mit 200 g passierten Tomaten ablöschen.

Tomatenwürfel unterheben, mit 1/2 TL Oregano verfeinern und mit Salz und Pfeffer abschmecken. Gemüsemischung leicht abkühlen lassen. Broccoli waschen und in kleine Röschen teilen. Broccoliröschen in Salzwasser ca. 3 Minuten vorgaren und abgießen.

Backofen auf 180° C (Gas: Stufe 2, Umluft: 160° C) vorheizen. Gemüsemasse mit einem Teelöffel in die Cannelloni füllen und in eine Auflaufform (ca. 20 x 30 cm) legen. Für die Sauce restliche passierte Tomaten mit Brühe aufkochen, mit restlichem Oregano verfeinern und mit Salz und Pfeffer abschmecken.

Broccoliröschen und Sauce auf den Cannelloni verteilen, mit Parmesan bestreuen und im Backofen auf mittlerer Schiene ca. 45 Minuten backen. Salat waschen, trocken schleudern, mit Dressing beträufeln und zu den Cannelloni servieren.

Für 4 Personen:

- **1 Zwiebel**
- **400 g Cocktailtomaten**
- **je 1 gelbe und grüne Paprika**
- **1 EL Olivenöl**
- **800 g passierte Tomaten (Konserve)**
- **2 TL gehackter Oregano**
- **Salz, Pfeffer**
- **250 g Broccoli**
- **16 trockene Cannelloni**
- **125 ml Gemüsebrühe (1/2 TL Instantpulver)**
- **6 EL geriebener Parmesan**
- **250 g Pflücksalatmischung (Kühltheke)**
- **1 Becher Weight Watchers Frisches Balsamico Dressing (75 ml)**

Rotbarsch mit Couscouskruste

6 SmartPoints Wert

fertig in: 30 Minuten | davon aktiv: 20 Minuten
laktosefrei
287 kcal | 1206 kJ

Backofen auf 220° C (Gas: Stufe 4, Umluft: 200° C) vorheizen. Couscous mit 80 ml kochendem Salzwasser überbrühen und mit Deckel ca. 5 Minuten quellen lassen. Rotbarschfilets abspülen, trocken tupfen, mit 1 EL Zitronensaft, Salz und Pfeffer würzen und auf ein mit Backpapier ausgelegtes Backblech legen. Couscous mit 2 EL Petersilie und Senf vermischen, Ei unterkneten und mit Salz und Pfeffer würzen.

Rotbarschfilets mit der Masse bestreichen und im Backofen ca. 20 Minuten garen. Salat waschen, trocken schleudern und zerteilen. Orange auspressen und mit restlichem Zitronensaft, Öl, Honig und Petersilie verquirlen. Mit Salz und Pfeffer abschmecken, Salat mit Dressing vermischen und mit Rotbarsch servieren.

Für 4 Personen:

60 g trockener Couscous
Salz, Pfeffer
4 Rotbarschfilets (à 150 g)
2 EL Zitronensaft
3 EL gehackte Petersilie
1 EL körniger Senf
1 Ei
1 Endiviensalat (ca. 600 g)
1 Orange
2 TL Olivenöl
1 TL Honig

Kabeljaugratin mit Artischocken

7 SmartPoints Wert

fertig in: 35 Minuten | davon aktiv: 10 Minuten
430 kcal | 1807 kJ

Backofen auf 220° C (Gas: Stufe 4, Umluft: 200° C) vorheizen. Kabeljaufilets abspülen, trocken tupfen, in eine Auflaufform (ca. 25 x 25 cm) legen und mit Zitronensaft beträufeln. Zwiebel schälen und in Spalten schneiden. Artischocken und Bohnen abtropfen lassen und mit stückigen Tomaten, Zwiebelspalten und Petersilie mischen. Mit Salz und Pfeffer würzen und über die Kabeljaufilets geben.

Mozzarella trocken tupfen und in Scheiben schneiden. Kabeljaugratin mit Mozzarellascheiben belegen und im Backofen auf mittlerer Schiene 20–25 Minuten überbacken. Kabeljaugratin mit Baguette servieren.

Für 4 Personen:

4 Kabeljaufilets (à 150 g)
1 TL Zitronensaft
1 Zwiebel
1 Dose Artischockenherzen (240 g Abtropfgewicht)
1 Dose grüne Bohnen (220 g Abtropfgewicht)
400 g stückige Tomaten (Konserve)
2 EL gehackte Petersilie
Salz, Pfeffer
1 Kugel fettreduzierter Mozzarella
8 Scheiben Baguette

Knuspriger Geflügel-Spargel-Auflauf

8 SmartPoints Wert

fertig in: 65 Minuten | davon aktiv: 35 Minuten
354 kcal | 1479 kJ

Reis nach Packungsanweisung in Salzwasser garen. Putenschnitzel abspülen, trocken tupfen und in Streifen schneiden. Champignons trocken abreiben und vierteln. Karotten schälen und in Scheiben schneiden. Spargelstücke abtropfen lassen, dabei 125 ml Spargelsud auffangen. Backofen auf 180° C (Gas: Stufe 2, Umluft: 160° C) vorheizen.

Öl in einer Pfanne auf hoher Stufe erhitzen, Schnitzelstreifen darin ca. 3 Minuten rundherum anbraten, salzen, pfeffern und herausnehmen. Champignonviertel und Karottenscheiben im Bratensatz ca. 5 Minuten dünsten. Sauce Hollandaise nach Packungsanweisung mit Spargelsud und Wasser anrühren, zu der Karotten-Pilz-Mischung geben und aufkochen.

Gemüsesauce mit Kapern und Zitronensaft verfeinern, Schnitzelstreifen mit Spargelstücken unterheben und mit Salz und Pfeffer abschmecken. Gemüsesauce und Reis in einer Auflaufform (ca. 20 x 30 cm) mischen und mit Käse bestreuen. Im Backofen auf mittlerer Schiene 25–30 Minuten backen und Geflügel-Spargel-Auflauf servieren.

Für 4 Personen:

- **160 g trockener Vollkornreis**
- **Salz, Pfeffer**
- **420 g Putenschnitzel**
- **250 g Champignons**
- **500 g Karotten**
- **2 Gläser Spargelstücke (à 170 g Abtropfgewicht)**
- **2 TL Rapsöl**
- **1 Beutel fettarme Sauce Hollandaise**
- **125 ml Wasser**
- **1 TL Kapern**
- **1 EL Zitronensaft**
- **75 g geriebener Käse, 30 % Fett i. Tr.**

UPGRADE

In der Spargelzeit von April bis Juni kannst du den Auflauf auch mit 500 g frischem Spargel zubereiten, der ca. 5 Minuten vorgegart wird. Der SmartPoints Wert pro Person ändert sich nicht.

Tomaten-Linsen-Lasagne

11 SmartPoints Wert

fertig in: 80 Minuten | davon aktiv: 15 Minuten
einfrieren
387 kcal | 1621 kJ

Paprika waschen und entkernen, Zwiebel schälen und beides in Würfel schneiden. Öl in einer großen Pfanne auf hoher Stufe erhitzen und Zwiebel- und Paprikawürfel darin anbraten. Mit Brühe und Milch ablöschen. Linsen, Tomaten, Tomatenmark und Kräuter dazugeben und 15–20 Minuten garen, bis die Linsen weich sind. Backofen auf 200° C (Gas: Stufe 3, Umluft: 180° C) vorheizen.

Linsen mit Salz und Pfeffer abschmecken. Abwechselnd Linsenmasse und Lasagneplatten in eine Auflaufform (ca. 20 x 30 cm) schichten, dabei mit Linsenmasse beginnen und abschließen. Tomaten-Linsen-Lasagne mit Parmesan bestreuen, im Backofen auf mittlerer Schiene 40–45 Minuten backen und servieren.

Für 4 Personen:

1 grüne Paprika
1 Zwiebel
1 EL Olivenöl
250 ml Gemüsebrühe (1 TL Instantpulver)
125 ml fettarme Milch
130 g trockene rote Linsen
800 g stückige Tomaten (Konserve)
3 EL Tomatenmark
2 EL gehackte italienische Kräuter
Salz, Pfeffer
8 trockene Lasagneplatten
90 g geriebener Parmesan

Mexikanische Käsetortillas

10 SmartPoints Wert

fertig in: 55 Minuten | davon aktiv: 30 Minuten
374 kcal | 1565 kJ

Für 4 Personen:

1 Zwiebel
4 Tomaten
250 g Champignons
je 1 rote und grüne Paprika
1 Bund Frühlingszwiebeln
2 TL Olivenöl
400 g Tatar
1–2 TL Sambal Oelek
1/2 TL Kreuzkümmel
Salz, Pfeffer
1 Dose Kidneybohnen (255 g Abtropfgewicht)
4 kleine Tortilla-Wraps
90 g geriebener Käse, 30 % Fett i. Tr.

Zwiebel schälen, Tomaten waschen, Champignons trocken abreiben, Paprika waschen, entkernen und alles in Würfel schneiden. Frühlingszwiebeln waschen und in Ringe schneiden. Backofen auf 180° C (Gas: Stufe 2, Umluft: 160° C) vorheizen.

Öl in einer Pfanne auf hoher Stufe erhitzen und Tatar darin ca. 3 Minuten krümelig anbraten. Zwiebel-, Champignon-, Paprika-, Tomatenwürfel und Frühlingszwiebelringe hinzugeben und weitere ca. 10 Minuten braten. Mit Sambal Oelek und Kreuzkümmel würzen und mit Salz abschmecken.

Kidneybohnen abspülen, abtropfen lassen und zur Tatar-Gemüse-Masse geben. Die Hälfte der Füllung in eine Auflaufform (ca. 25 x 30 cm) geben, restliche Füllung auf den Tortilla-Wraps verteilen, aufrollen, in die Form legen und mit Käse bestreuen. Käsetortillas im Backofen auf mittlerer Schiene ca. 25 Minuten backen und servieren.

Weißkohltopf mit Püreehaube

8 SmartPoints Wert

fertig in: 75 Minuten | davon aktiv: 35 Minuten
325 kcal | 1360 kJ

Kartoffeln waschen, mit Schale in Salzwasser ca. 25 Minuten garen. Weißkohl putzen, vierteln, den Strunk entfernen und Kohl in feine Streifen schneiden. Kartoffeln abgießen, pellen, mit Milch zerstampfen und mit Salz abschmecken.

Backofen auf 180° C (Gas: Stufe 2, Umluft: 160° C) vorheizen. Zwiebeln schälen und würfeln. Öl in einem Bräter auf hoher Stufe erhitzen und Tatar darin 3–4 Minuten krümelig anbraten. Zwiebelwürfel hinzugeben, ca. 5 Minuten mitbraten, salzen, pfeffern und herausnehmen.

Kohlstreifen im Bratensatz auf mittlerer Stufe 3–4 Minuten anbraten, mit 100 ml Brühe ablöschen und ca. 8 Minuten garen. Mit Kümmel und Muskatnuss würzen und Apfelkraut unterrühren. Restliche Brühe angießen und Tatar auf den Kohl schichten. Kartoffelstampf darüber verteilen, glatt streichen und mit Deckel im Backofen im unteren Drittel ca. 40 Minuten garen. Weißkohltopf mit Petersilie bestreut servieren.

Für 4 Personen:

- **800 g mehligkochende Kartoffeln**
- **Salz, Pfeffer**
- **1 Weißkohl (ca. 1 kg)**
- **200 ml warme entrahmte Milch**
- **2 Zwiebeln**
- **2 TL Rapsöl**
- **500 g Tatar**
- **250 ml Gemüsebrühe (1 TL Instantpulver)**
- **1/2 TL gemahlener Kümmel**
- **1 Msp. geriebene Muskatnuss**
- **1 TL Apfelkraut**
- **1 EL gehackte Petersilie**

Überbackene Pastramisandwiches

11 SmartPoints Wert

fertig in: 25 Minuten | davon aktiv: 15 Minuten
269 kcal | 1132 kJ

Backofen auf 220° C (Gas: Stufe 4, Umluft: 200° C) vorheizen. Saure Sahne mit Senf, Kümmel, Petersilie und Schnittlauch verrühren und mit Salz und Pfeffer abschmecken. 2 Gewürzgurken in Scheiben schneiden. Toastscheiben mit Creme bestreichen, 2 Scheiben mit Gurkenscheiben belegen, Pastrami darauf verteilen und mit restlichen Toastscheiben abdecken.

Käse mit Paprikapulver mischen und Sandwiches damit bestreuen. Auf ein mit Backpapier ausgelegtes Backblech legen und im Backofen auf mittlerer Schiene 10–15 Minuten überbacken. Restliche Gurken würfeln, mit Krautsalat mischen und mit Pastramisandwiches servieren.

Für 2 Personen:

2 EL saure Sahne
2 TL Senf
1 Prise gemahlener Kümmel
1 EL gehackte Petersilie
1 EL Schnittlauchringe
Salz, Pfeffer
4 Gewürzgurken
4 kleine Scheiben Toast
4 Scheiben Pastrami (à 20 g)
2 EL geriebener Edamer, 30 % Fett i. Tr.
1/4 TL Paprikapulver
180 g Krautsalat ohne Sahne

Info

Bei Pastrami handelt es sich um gepökeltes, geräuchertes und gekochtes Rindfleisch. Stattdessen kannst du aber auch die gleiche Menge Roastbeef verwenden. Der SmartPoints Wert pro Person ändert sich nicht.

Kasseler-Lauch-Auflauf mit Püree

10 SmartPoints Wert

fertig in: 85 Minuten | davon aktiv: 40 Minuten
345 kcal | 1447 kJ

Kartoffeln schälen, in Salzwasser ca. 20 Minuten garen, abgießen, zerstampfen und mit Salz, Pfeffer und Muskatnuss würzen. Püree in eine Auflaufform (ca. 20 x 30 cm) streichen. Backofen auf 180° C (Gas: Stufe 2, Umluft: 160° C) vorheizen. Kasseler trocken tupfen und würfeln. Lauch waschen und in Ringe schneiden. Ananasstücke abtropfen lassen. Öl in einer Pfanne auf hoher Stufe erhitzen, Kasselerwürfel und Lauchringe darin ca. 10 Minuten anbraten. Ananasstücke hinzugeben, mit Brühe ablöschen, Crème légère unterrühren und mit Salz, Pfeffer und Majoran würzen. Kasselermischung auf dem Püree verteilen, mit Käse bestreuen und im Backofen ca. 30 Minuten überbacken.

Für 4 Personen:

- 800 g Kartoffeln
- Salz, Pfeffer
- 1 Prise geriebene Muskatnuss
- 500 g Kasselerfleisch
- 1 kg Lauch
- 100 g Ananasstücke (Konserve ohne Zucker)
- 1 TL Rapsöl
- 125 ml Gemüsebrühe
- 3 EL Crème légère
- 1 EL gehackter Majoran
- 60 g geriebener Käse, 30 % Fett i. Tr.

Leichter Kohlrabi-Schinken-Auflauf

8 SmartPoints Wert

fertig in: 55 Minuten | davon aktiv: 30 Minuten
332 kcal | 1390 kJ

Kohlrabi und Kartoffeln schälen, vierteln und in Scheiben schneiden. Gemüsescheiben 8–10 Minuten in Salzwasser vorgaren. Backofen auf 200° C (Gas: Stufe 3, Umluft: 180° C) vorheizen. Schinken in Streifen schneiden. Gemüsescheiben abgießen, dabei 150 ml Kochwasser auffangen. Für die Sauce Öl in einem Topf auf mittlerer Stufe erhitzen, Mehl darin kurz anschwitzen, unter Rühren mit Kochwasser ablöschen und aufkochen. Kochkäse einrühren, Sauce mit Basilikum verfeinern und mit Salz und Pfeffer abschmecken. Gemüsescheiben und Schinkenstreifen in einer Auflaufform (ca. 20 x 30 cm) vermischen und Sauce darüber verteilen. Auflauf im Backofen ca. 25 Minuten backen und servieren.

Für 2 Personen:

- 3 Kohlrabi
- 500 g festkochende Kartoffeln
- Salz, Pfeffer
- 5 Scheiben gekochter Schinken
- 1 TL Rapsöl
- 1 TL Mehl
- 4 EL Kochkäse, 20 % Fett i. Tr.
- 2 EL gehacktes Basilikum

Cremiges Nudel-Hähnchen-Gratin

11 SmartPoints Wert

fertig in: 60 Minuten | davon aktiv: 30 Minuten
einfrieren
467 kcal | 1954 kJ

Nudeln nach Packungsanweisung in Salzwasser garen. Zwiebel schälen und würfeln. Mangold waschen, trocken schleudern und in feine Streifen schneiden. Hähnchenbrustfilet abspülen, trocken tupfen und in Würfel schneiden. Nudeln abgießen.

1 TL Öl in einer Pfanne auf hoher Stufe erhitzen und Hähnchenwürfel darin ca. 5 Minuten rundherum braten. Mit Salz und Pfeffer würzen und herausnehmen. Restliches Öl im Bratensatz auf hoher Stufe erhitzen und Zwiebelwürfel und Mangoldstreifen darin ca. 3 Minuten braten und herausnehmen.

Bratensatz mit Brühe und Cremefine ablöschen und kurz aufkochen. Saucenbinder einrühren und ca. 3 Minuten weiterköcheln lassen. Sauce mit Thymian und Rosmarin verfeinern und mit Salz und Pfeffer abschmecken.

Backofen auf 180° C (Gas: Stufe 2, Umluft 160° C) vorheizen. Nudeln mit Hähnchenwürfeln und Mangoldstreifen in eine Gratinform schichten, mit der Sauce übergießen und mit Käse bestreuen. Nudel-Hähnchen-Gratin im Backofen auf mittlerer Schiene ca. 30 Minuten backen und servieren.

Für 2 Personen:

- **100 g trockene Fussili**
- **Salz, Pfeffer**
- **1 Zwiebel**
- **750 g Mangold**
- **250 g Hähnchenbrustfilet**
- **2 TL Rapsöl**
- **75 ml Gemüsebrühe (1/2 TL Instantpulver)**
- **50 ml Cremefine zum Kochen, 7 % Fett**
- **1 TL heller Saucenbinder**
- **je 1 TL gehackter Thymian und Rosmarin**
- **50 g geriebener Käse, 30 % Fett i. Tr.**

Pikanter Spitzkohlauflauf mit Garnelen

9 SmartPoints Wert

fertig in: 65 Minuten I davon aktiv: 40 Minuten
358 kcal I 1492 kJ

Kartoffeln schälen und in Salzwasser ca. 15 Minuten vorgaren. Spitzkohl putzen, vierteln, den Strunk entfernen und Kohl in Streifen schneiden. 1 TL Öl in einer Pfanne auf hoher Stufe erhitzen, Spitzkohlstreifen darin ca. 8 Minuten andünsten und salzen. Backofen auf 200° C (Gas: Stufe 3, Umluft: 180° C) vorheizen.

Für die Sauce restliches Öl in einer Pfanne auf mittlerer Stufe erhitzen, Mehl darin kurz anschwitzen, unter Rühren mit Milch ablöschen und aufkochen. Frischkäse einrühren, Sauce mit Meerrettich und Muskatnuss verfeinern und mit Salz und Pfeffer abschmecken. Kartoffeln abgießen und in Scheiben schneiden.

Garnelen abspülen und trocken tupfen. Kartoffelscheiben mit Spitzkohlstreifen und Garnelen in einer Auflaufform (ca. 20 x 25 cm) vermischen und Sauce darüber verteilen. Spitzkohlauflauf im Backofen auf mittlerer Schiene ca. 25 Minuten backen und servieren.

Für 2 Personen:

450 g festkochende Kartoffeln
Salz, Pfeffer
1 kleiner Spitzkohl (ca. 500 g)
2 TL Rapsöl
1 TL Mehl
200 ml entrahmte Milch
3 EL Frischkäse, bis 1 % Fett absolut
2 TL Tafelmeerrettich (Glas)
2 Msp. geriebene Muskatnuss
200 g küchenfertige Garnelen

Klassisches Spargel-Kartoffel-Gratin

7 SmartPoints Wert

fertig in: 60 Minuten | davon aktiv: 30 Minuten
vegetarisch
313 kcal | 1311 kJ

Kartoffeln schälen und in Scheiben schneiden. In Salzwasser ca. 10 Minuten vorgaren und abgießen. Spargel schälen, die holzigen Enden abschneiden und Spargel in ca. 5 cm lange Stücke schneiden. In Salzwasser ca. 5 Minuten vorgaren, abgießen und dabei 150 ml Kochwasser auffangen.

Backofen auf 200° C (Gas: Stufe 3, Umluft: 180° C) vorheizen. Kartoffelscheiben und Spargelstücke in einer Auflaufform (ca. 20 x 30 cm) mischen. Speisestärke mit 3 EL Cremefine verrühren. Spargelwasser mit restlicher Cremefine aufkochen, angerührte Speisestärke untermischen und 2–3 Minuten köcheln lassen.

Mit Salz und Pfeffer abschmecken. Sauce über die Spargel-Kartoffel-Mischung geben, mit Käse bestreuen und im Backofen auf mittlerer Schiene ca. 30 Minuten überbacken. Spargel-Kartoffel-Gratin mit Petersilie bestreut servieren.

Für 4 Personen:

800 g festkochende Kartoffeln
Salz, Pfeffer
1 kg weißer Spargel
1 EL Speisestärke
100 ml Cremefine zum Kochen, 15 % Fett
75 g geriebener Käse, bis 30 % Fett i. Tr.
1 EL gehackte Petersilie

UPGRADE

Zu dem Gratin passen sehr gut 4 Zanderfilets (à 125 g) in 2 TL Rapsöl gebraten. Der SmartPoints Wert pro Person erhöht sich auf 9.

Bologneseauflauf mit Zucchini

9 SmartPoints Wert

fertig in: 60 Minuten | davon aktiv: 25 Minuten
einfrieren
359 kcal | 1502 kJ

Zucchini waschen, Zwiebel schälen und beides in Würfel schneiden. Backofen auf 180° C (Gas: Stufe 2, Umluft: 160° C) vorheizen. Öl in einer Pfanne auf hoher Stufe erhitzen und Tatar darin ca. 3 Minuten krümelig anbraten.

Knoblauch dazupressen, Zucchini und Zwiebelwürfel zugeben und weitere ca. 5 Minuten braten. Mit stückigen Tomaten und Brühe ablöschen und mit Salz, Pfeffer, Paprikapulver, Zimt, Majoran und Petersilie würzen.

Schafskäse in Würfel schneiden. Bolognese und Kritharaki in einer Auflaufform (ca. 20 x 30 cm) mischen, mit Schafskäsewürfeln bestreuen und im Backofen auf mittlerer Schiene ca. 35 Minuten backen. Bologneseauflauf servieren.

Für 4 Personen:

600 g Zucchini
1 Zwiebel
2 TL Olivenöl
400 g Tatar
1 Knoblauchzehe
400 g stückige Tomaten (Konserve)
200 ml Gemüsebrühe (1 TL Instantpulver)
Salz, Pfeffer
1/2 TL Paprikapulver
1 Msp. Zimt
1 TL gehackter Majoran
1 EL gehackte glatte Petersilie
100 g Schafskäse, 25 % Fett i. Tr.
200 g trockene Kritharaki

Info

Kritharaki sind griechische Reisnudeln. Sie haben die Form von Reis- oder Getreidekörnern, bestehen jedoch wie herkömmliche Pasta aus Hartweizengrieß. Im Supermarkt findet man sie auch unter den Namen Orzo oder Risoni.

Würziges Spinat-Kartoffel-Soufflé

12 SmartPoints Wert

fertig in: 65 Minuten | davon aktiv: 30 Minuten
vegetarisch
374 kcal | 1561 kJ

Kartoffeln schälen, in kleine Stücke schneiden und in Salzwasser ca. 20 Minuten garen. Spinat auftauen lassen und in einem Topf erhitzen. Knoblauch dazupressen und mit Salz, Pfeffer und Cayennepfeffer würzen. Kartoffeln abgießen und zerstampfen.

Backofen auf 180° C (Gas: Stufe 2, Umluft: 160° C) vorheizen und eine große feuerfeste Schale mit Wasser auf den Boden des Backofens stellen. Eier trennen und Eiweiß steif schlagen. Eigelb mit Mehl, Kartoffelpüree, saurer Sahne und Käse vermischen und mit Salz und Muskatnuss würzen. Eischnee vorsichtig unterheben.

Spinat in eine Auflaufform (ca. 15 x 20 cm) geben und mit der Kartoffel-Ei-Masse bedecken. Spinat-Kartoffel-Soufflé 30–35 Minuten auf mittlerer Schiene backen und servieren.

Für 1 Person:

150 g mehligkochende Kartoffeln
Salz, Pfeffer
250 g Blattspinat (TK)
1 Knoblauchzehe
1 Msp. Cayennepfeffer
2 Eier
2 TL Mehl
1 EL saure Sahne
2 EL geriebener Käse, 30 % Fett. i. Tr.
1 Msp. geriebene Muskatnuss

Blumenkohlauflauf mit pikantem Meerrettichguss

11 SmartPoints Wert™

fertig in: 65 Minuten | davon aktiv: 30 Minuten
vegetarisch
374 kcal | 1567 kJ

Reis nach Packungsanweisung in Salzwasser garen. Kohlrabi und Karotten schälen und würfeln. Blumenkohl waschen und in Röschen teilen. Backofen auf 180° C (Gas: Stufe 2, Umluft: 160° C) vorheizen. Gemüse in Salzwasser 8–10 Minuten vorgaren, abgießen und in einer Auflaufform (ca. 20 x 30 cm) mit Reis vermischen.

Für den Meerrettichguss Eier mit Milch, Meerrettich, Basilikum und Schnittlauch verquirlen und mit Salz, Pfeffer und Muskatnuss würzen. Meerrettichguss über den Auflauf geben, Frischkäse mit Worcestersauce verrühren, in Tupfen auf den Auflauf geben und im Backofen auf mittlerer Schiene ca. 35 Minuten backen. Blumenkohlauflauf servieren.

Für 4 Personen:

200 g trockener Vollkornreis
Salz, Pfeffer
2 Kohlrabi
4 Karotten
1 kleiner Blumenkohl (ca. 500 g)
5 Eier
400 ml entrahmte Milch
1–2 EL Tafelmeerrettich (Glas)
2 EL gehacktes Basilikum
2 EL Schnittlauchringe
1 Prise geriebene Muskatnuss
200 g Kräuterfrischkäse, bis 1 % Fett absolut
1–2 TL Worcestersauce

Spitzkohl-Spätzle-Auflauf mit Nusskruste

12 SmartPoints Wert

fertig in: 45 Minuten | davon aktiv: 15 Minuten
vegetarisch | einfrieren
403 kcal | 1986 kJ

Backofen auf 180° C (Gas: Stufe 2, Umluft: 160° C) vorheizen. Zwiebeln schälen und würfeln. Spitzkohl putzen, vierteln, den Strunk entfernen und Kohl in Streifen schneiden.

Öl in einer Pfanne auf hoher Stufe erhitzen und Zwiebelwürfel darin 2–3 Minuten anbraten. Spitzkohlstreifen dazugeben und weitere 5 Minuten braten. Mit Cremefine und Brühe ablöschen und aufkochen.

Spätzle unter die Kohlsauce heben, mit Paprikapulver und Kümmel würzen und mit Salz und Pfeffer abschmecken. Masse in einer Auflaufform (ca. 20 x 30 cm) verteilen. Haselnüsse mit Käse mischen und auf dem Auflauf verteilen. Spitzkohl-Spätzle-Auflauf im Backofen auf mittlerer Schiene ca. 30 Minuten garen und servieren.

Für 4 Personen:

- **2 Zwiebeln**
- **1 Spitzkohl (ca. 600 g)**
- **1 TL Rapsöl**
- **200 ml Cremefine zum Kochen, 7 % Fett**
- **250 ml Gemüsebrühe (1 TL Instantpulver)**
- **600 g Spätzle oder Knöpfle (Frischprodukt)**
- **1/2 TL Paprikapulver**
- **1/4 TL gemahlener Kümmel**
- **Salz, Pfeffer**
- **30 g gemahlene Haselnüsse**
- **60 g geriebener Käse, 30 % Fett i. Tr.**

Gefüllter Hokkaidokürbis mit Steakwürfeln

11 SmartPoints Wert

fertig in: 1 Stunde 40 Minuten | davon aktiv: 40 Minuten
450 kcal | 1893 kJ

Für 2 Personen:

- **90 g trockener Bulgur**
- **140 ml Gemüsebrühe (1/2 TL Instantpulver)**
- **200 g Rindersteak**
- **1 kleine Zwiebel**
- **1 kleine Aubergine (ca. 200 g)**
- **2 TL Rapsöl**
- **Salz, Pfeffer**
- **1 TL Currypulver**
- **1/2 TL Kreuzkümmel**
- **1/4 TL gemahlener Koriander**
- **2 Eier**
- **100 ml entrahmte Milch**
- **1 Hokkaidokürbis (ca. 1,2 kg)**

Bulgur mit Brühe aufkochen und ca. 10 Minuten bei niedriger Hitze quellen lassen. Steak trocken tupfen, Zwiebel schälen, Aubergine waschen und alles in Würfel schneiden. Backofen auf 180° C (Gas: Stufe 2, Umluft: 160° C) vorheizen.

Öl in einer Pfanne auf hoher Stufe erhitzen, Steakwürfel darin 3–4 Minuten rundherum braten, mit Salz, Pfeffer und Currypulver würzen und herausnehmen. Zwiebel- und Auberginenwürfel im Bratensatz auf mittlerer Stufe 3–4 Minuten braten, mit Salz, Pfeffer, Kreuzkümmel und Koriander würzen und Bulgur mit Steakwürfeln untermischen. Eier mit Milch verquirlen, salzen und pfeffern.

Kürbis waschen, halbieren und Kerne mit einem Löffel entfernen. Von den Kürbishälften je eine dünne Scheibe abschneiden, damit eine Standfläche entsteht, und Hälften von innen mit Salz und Pfeffer würzen. Auf ein mit Backpapier ausgelegtes Backblech setzen und jeweils mit der Steak-Bulgur-Masse füllen. Eiermilch darübergießen und im Backofen auf mittlerer Schiene ca. 60 Minuten garen. Gefüllten Hokkaidokürbis servieren.

Pizza, Quiche & Co.

Salamipizza mit Mozzarella

4 SmartPoints Wert™

fertig in: 90 Minuten I davon aktiv: 30 Minuten
einfrieren
132 kcal I 558 kJ

Hefe zerbröckeln und mit Zucker in Wasser auflösen. Mehl in eine Schüssel geben, in die Mitte eine Vertiefung drücken und Hefemischung hineingießen. Mit etwas Mehl verrühren und Vorteig an einem warmen Ort zugedeckt ca. 15 Minuten gehen lassen.

Öl und 1 TL Salz dazugeben, zu einem glatten Teig verkneten und weitere ca. 30 Minuten gehen lassen. Backofen auf 180° C (Gas: Stufe 2, Umluft: 160° C) vorheizen.

Zwiebel schälen und in Ringe schneiden. Paprika waschen, entkernen und in Streifen schneiden. Mozzarella trocken tupfen und in Würfel, Salami in Streifen schneiden. Hefeteig nochmals gut durchkneten und auf einem mit Backpapier ausgelegten Backblech ausrollen.

Knoblauch pressen, mit Tomaten und Oregano verrühren, salzen, pfeffern und Teig damit bestreichen. Pizza mit Salami-, Paprikastreifen, Zwiebelringen und und Mozzarellawürfeln belegen und im Backofen auf mittlerer Schiene ca. 25 Minuten backen. Basilikum waschen, trocken schütteln und in Streifen schneiden. Salamipizza mit Basilikum bestreut servieren.

Für 12 Stücke:

1/2 Würfel Hefe
1 Prise Zucker
170 ml lauwarmes Wasser
300 g Mehl
4 TL Olivenöl
Salz, Pfeffer
1 kleine rote Zwiebel
je 1 rote und gelbe Paprika
1 Kugel fettreduzierter Mozzarella
8 Scheiben Rindersalami (70 g)
1 kleine Knoblauchzehe
150 g passierte Tomaten (Konserve)
1 TL gehackter Oregano
2 Stängel Basilikum

Kartoffelflammkuchen mit Feldsalat

4 SmartPoints Wert

fertig in: 90 Minuten I davon aktiv: 30 Minuten
158 kcal I 656 kJ

Hefe zerbröckeln und in Wasser auflösen. Mehl in eine Schüssel geben, in die Mitte eine Vertiefung drücken und Hefemischung hineingießen. Mit etwas Mehl verrühren und Vorteig an einem warmen Ort zugedeckt ca. 15 Minuten gehen lassen.

1/2 TL Salz und 1 EL Öl zugeben, zu einem glatten Teig verkneten und zugedeckt an einem warmen Ort weitere ca. 45 Minuten gehen lassen. Kartoffeln schälen und in dünne Scheiben schneiden. Backofen auf 180° C (Gas: Stufe 2, Umluft: 160° C) vorheizen.

Restliches Öl in einer Pfanne auf mittlerer Stufe erhitzen und Kartoffelscheiben mit Schinkenwürfeln darin ca. 10 Minuten braten. Mit Salz, Pfeffer, Muskatnuss und Thymian würzen.

Hefeteig nochmals gut durchkneten und auf einem mit Backpapier ausgelegten Backblech dünn ausrollen. Mit Frischkäse bestreichen und mit Kartoffel-Schinken-Masse bedecken. Im Backofen auf mittlerer Schiene 25–30 Minuten backen.

Feldsalat waschen und trocken schleudern. Essig mit Orangensaft und Konfitüre verquirlen, salzen und pfeffern. Feldsalat mit Dressing vermischen und mit Kartoffelflammkuchen servieren.

Für 12 Stücke:

- **1/2 Würfel Hefe**
- **125 ml lauwarmes Wasser**
- **250 g Mehl**
- **Salz, Pfeffer**
- **2 EL Olivenöl**
- **600 g festkochende Kartoffeln**
- **60 g magere Schinkenwürfel**
- **1 Prise geriebene Muskatnuss**
- **1 TL gehackter Thymian**
- **200 g Kräuterfrischkäse, bis 1 % Fett absolut**
- **100 g Feldsalat**
- **2 EL dunkler Balsamicoessig**
- **2 EL Orangensaft**
- **1 TL Aprikosenkonfitüre**

Aromatische Kürbis-Nuss-Quiche

7 SmartPoints Wert™

fertig in: 85 Minuten | davon aktiv: 40 Minuten
vegetarisch | einfrieren
200 kcal | 836 kJ

Für 12 Stücke:

- **200 g Mehl**
- **50 g gemahlene Haselnüsse**
- **120 g Halbfettmargarine**
- **5 Eier**
- **Salz, Pfeffer**
- **1 kleiner Hokkaidokürbis (ca. 750 g)**
- **1 rote Zwiebel**
- **25 g getrocknete Aprikosen**
- **1 TL Rapsöl**
- **1 TL Honig**
- **200 ml fettarme Milch**
- **70 g geriebener Appenzeller, 50 % Fett. i. Tr.**
- **1 EL gehackte Kürbiskerne**

Mehl mit Haselnüssen, Margarine, 1 Ei und 1 TL Salz zu einem glatten Teig verkneten, zu einer Kugel formen und in Frischhaltefolie gewickelt ca. 30 Minuten kalt stellen. Kürbis waschen, halbieren, Kerne mit einem Löffel entfernen und Kürbis in Würfel schneiden. Zwiebel schälen und in Streifen schneiden. Aprikosen fein würfeln.

Backofen auf 200° C (Gas: Stufe 3, Umluft: 180° C) vorheizen. Öl in einer Pfanne auf mittlerer Stufe erhitzen und Kürbiswürfel mit Zwiebelstreifen darin ca. 5 Minuten anbraten. Aprikosen untermischen, mit Honig verfeinern und mit Salz und Pfeffer abschmecken. Restliche Eier mit Milch verquirlen, Käse unterheben und mit Salz und Pfeffer würzen.

Teig zwischen Frischhaltefolie rund ausrollen und eine mit Backpapier ausgelegte Springform (Ø 26 cm) damit auskleiden. Kürbismischung auf dem Teig verteilen und Eier-Käse-Milch darübergeben. Im Backofen auf mittlerer Schiene 40–45 Minuten backen und nach ca. 20 Minuten mit Kürbiskernen bestreuen. Kürbis-Nuss-Quiche servieren.

Gemüsepizza mit Polenta-Hack-Boden

4 SmartPoints Wert

fertig in: 75 Minuten | davon aktiv: 35 Minuten
110 kcal | 459 kJ

1 TL Öl in einer Pfanne auf hoher Stufe erhitzen, Tatar darin krümelig braten und mit Salz und Pfeffer würzen. Polenta nach Packungsanweisung mit Brühe zubereiten und mit Salz, Pfeffer und Oregano würzen. Tatar unter die Polenta mischen und auf ein mit Backpapier ausgelegtes Backblech streichen.

Tomaten waschen und in Scheiben schneiden, Oliven hacken. Tomatenscheiben und Oliven auf der Polenta-Hack-Masse verteilen und mit Salz, Pfeffer und Salbei würzen. Backofen auf 180° C (Gas: Stufe 2, Umluft: 160° C) vorheizen.

Zucchini und Aubergine waschen, vierteln und in Scheiben schneiden. Restliches Öl im Bratensatz auf mittlerer Stufe erhitzen und Zucchini- und Auberginenscheiben darin 3–4 Minuten braten. Mit Salz, Pfeffer und Paprikapulver abschmecken und auf der Pizza verteilen. Gemüsepizza mit Käse bestreuen, im Backofen auf mittlerer Schiene ca. 40 Minuten backen und servieren.

Für 12 Stücke:

4 TL Olivenöl
300 g Tatar
Salz, Pfeffer
250 g trockene Polenta
1 Liter Gemüsebrühe (1 EL Instantpulver)
1 EL gehackter Oregano
2 Fleischtomaten
8 entsteinte schwarze Oliven in Lake
1 EL gehackter Salbei
1 Zucchini
1 Aubergine
1 TL Paprikapulver
100 g geriebener Käse, 30 % Fett i. Tr.

Lauch-Apfel-Flammkuchen

3 SmartPoints Wert

fertig in: 65 Minuten | davon aktiv: 35 Minuten
vegetarisch | einfrieren
119 kcal | 499 kJ

Mehl mit 1 TL Öl, Wasser und 1/2 TL Salz zu einem glatten Teig verkneten und ca. 30 Minuten ruhen lassen. Lauch waschen und in sehr feine Ringe schneiden. Apfel waschen, vierteln, entkernen und in sehr feine Scheiben schneiden. Saure Sahne mit Frischkäse verrühren und mit Salz, Pfeffer und Muskatnuss würzen.

Backofen auf 240° C (Gas: Stufe 5, Umluft: 220° C) vorheizen. Backblech mit restlichem Öl bepinseln und Teig darauf ausrollen. Mit Creme bestreichen und mit Lauchringen und Apfelscheiben belegen. Flammkuchen mit Salz und Pfeffer würzen und im Backofen auf unterster Schiene ca. 25 Minuten backen. Lauch-Apfel-Flammkuchen servieren.

Für 12 Stücke:

300 g Mehl
2 TL Rapsöl
160 ml Wasser
Salz, Pfeffer
1 Stange Lauch (ca. 350 g)
1 kleiner säuerlicher Apfel (z. B. Cox Orange)
150 g saure Sahne
3 EL Frischkäse, bis 1 % Fett absolut
1 Prise geriebene Muskatnuss

Herzhafter Wirsing-Quark-Kuchen

4 SmartPoints Wert™

fertig in: 75 Minuten | davon aktiv: 25 Minuten
einfrieren
170 kcal | 715 kJ

Für 12 Stücke:

- **400 g Wirsing**
- **3 TL Olivenöl**
- **Salz, Pfeffer**
- **1 Msp. gemahlener Kümmel**
- **4 Eier**
- **1 kg Magerquark**
- **90 g trockener Weichweizengrieß**
- **50 g geriebener Parmesan**

Wirsing putzen, vierteln, den Strunk entfernen und Wirsing in feine Streifen schneiden. 1 TL Öl in einem Topf auf mittlerer Stufe erhitzen, Wirsingstreifen darin kurz anbraten, mit Salz, Pfeffer und Kümmel würzen und mit Deckel ca. 10 Minuten dünsten.

Backofen auf 200° C (Gas: Stufe 3, Umluft: 180° C) vorheizen. Eier trennen und Eiklar steif schlagen. Quark mit Eigelb, Grieß und Parmesan verrühren, mit Salz und Pfeffer würzen und Eischnee mit Wirsingstreifen unterheben.

Eine Springform (Ø 26 cm) mit restlichem Öl fetten, Masse hineingeben, Wirsing-Quark-Kuchen im Backofen auf mittlerer Schiene ca. 50 Minuten backen und servieren.

Info

Wirsing zählt zu den typischen Wintergemüsen und zeichnet sich durch einen hohen Vitamin-C-Gehalt aus, also genau das Richtige, um Erkältungen vorzubeugen.

Thunfisch-Oliven-Blech

5 SmartPoints Wert

fertig in: 40 Minuten | davon aktiv: 20 Minuten
173 kcal | 722 kJ

Für 12 Stücke:

- **400 g Tomaten**
- **50 g entsteinte grüne Oliven in Lake**
- **1 Dose Thunfisch im eigenen Saft (150 g Abtropfgewicht)**
- **1 EL getrockneter Thymian**
- **1 EL Balsamicocreme**
- **Salz, Pfeffer**
- **40 g Parmesan**
- **100 g Schafskäse, 25 % Fett i. Tr.**
- **8 Eier**
- **200 g Mehl**
- **125 ml fettarme Milch**
- **einige Tropfen Worcestersauce**
- **1 Bund Basilikum**

Backofen auf 180° C (Gas: Stufe 2, Umluft: 160° C) vorheizen. Tomaten waschen und in Würfel schneiden, Oliven hacken. Thunfisch abtropfen lassen, mit Tomatenwürfeln, Oliven, Thymian und Balsamicocreme vermischen und mit Salz und Pfeffer abschmecken. Parmesan fein reiben und Schafskäse zerbröseln.

Eier trennen und Eiklar mit 1 Prise Salz steif schlagen. Eigelb mit Mehl, Milch, Salz und Worcestersauce verrühren und Eischnee unterheben. Masse auf einem mit Backpapier ausgelegten Backblech verteilen und im Backofen auf mittlerer Schiene 6–8 Minuten vorbacken.

Thunfisch-Tomaten-Masse auf dem Teig verteilen, mit Parmesan und Schafskäse bestreuen und weitere 12–15 Minuten im Ofen backen. Basilikum waschen, trocken schütteln und Blätter abzupfen. Thunfisch-Oliven-Blech mit Basilikum bestreuen und servieren.

Griechische Tarte mit Schafskäse

5 SmartPoints Wert

fertig in: 90 Minuten | davon aktiv: 35 Minuten
183 kcal | 764 kJ

Für 12 Stücke:

- 240 g Mehl
- 80 g Halbfettmargarine
- 3 Eier
- 3 EL Wasser
- Salz, Pfeffer
- 1 Zwiebel
- 1 Knoblauchzehe
- je 1 grüne und gelbe Paprika
- 1 kleine rote Chilischote
- 2 Tomaten
- 2 TL Rapsöl
- 300 g Tatar
- 2 EL Tomatenmark
- 1 TL gehackter Oregano
- 2 TL Gyrosgewürz
- 150 g Schafskäse, 25 % Fett i. Tr.
- 75 g Magerquark

Mehl, Margarine, 1 Ei, Wasser und 1/2 TL Salz zu einem Mürbeteig verkneten. Teig in Frischhaltefolie gewickelt ca. 30 Minuten kalt stellen. Backofen auf 180° C (Gas: Stufe 2, Umluft: 160° C) vorheizen.

Zwiebel schälen und würfeln, Knoblauch pressen. Paprika, Chilischote und Tomaten waschen. Paprika und Chilischote entkernen und mit Tomaten würfeln. Öl in einer Pfanne auf hoher Stufe erhitzen und Tatar darin krümelig braten. Tomatenmark unterrühren und anschwitzen. Zwiebelwürfel, Knoblauch, Paprika-, Tomaten- und Chiliwürfel zugeben und kurz mitbraten. Mit Salz, Pfeffer, Oregano und Gyrosgewürz würzen.

Teig zwischen Frischhaltefolie rund ausrollen und eine mit Backpapier ausgelegte Tarteform (Ø 28 cm) damit auskleiden. Tatar-Gemüse-Masse auf dem Teig verteilen. Schafskäse zerdrücken, mit Quark und restlichen Eiern verrühren, pfeffern und auf der Tarte verteilen. Im Backofen auf mittlerer Schiene 35–40 Minuten backen. Griechische Tarte mit Schafskäse servieren.

Mini-Broccoli-Pizzen mit Putenbrustfilet

7 SmartPoints Wert™

fertig in: 40 Minuten | davon aktiv: 20 Minuten
280 kcal | 1173 kJ

Backofen auf 200° C (Gas: Stufe 3, Umluft: 180° C) vorheizen. Broccoliröschen in Salzwasser ca. 5 Minuten garen. Pizzateig nach Packungsanweisung ausrollen und in 6 Stücke schneiden. Teigstücke zu Kugeln formen und zwischen Frischhaltefolie rund (Ø ca. 13 cm) ausrollen. Broccoliröschen abgießen und große Röschen zerteilen.

Knoblauch pressen, mit Tomaten und Pizzagewürz verrühren. Sauce mit Salz und Pfeffer abschmecken und auf den Teigkreisen verteilen. Putenbrustfilet in Streifen schneiden und mit Broccoliröschen auf den Pizzen verteilen.

Pizzen mit Käse bestreuen und auf zwei mit Backpapier ausgelegte Backbleche legen. Im Backofen auf mittlerer Schiene ca. 20 Minuten backen. Mini-Broccoli-Pizzen servieren.

Für 6 Stück:

500 g Broccoliröschen (TK)
Salz, Pfeffer
1 Packung Pizzateig (Frischprodukt, 450 g)
1 Knoblauchzehe
100 g passierte Tomaten
1/2 TL Pizzagewürz
80 g Geflügelbrustaufschnitt
75 g geriebener Käse, 30 % Fett i. Tr.

Spinatquiche mit Garnelen

4 SmartPoints Wert

fertig in: 60 Minuten | davon aktiv: 20 Minuten
144 kcal | 600 kJ

Zwiebel schälen und würfeln. Öl in einem Topf auf mittlerer Stufe erhitzen, Knoblauch dazupressen und Zwiebelwürfel darin glasig andünsten. Spinat zugeben und mit Deckel ca. 10 Minuten auftauen lassen. Backofen auf 200° C (Gas: Stufe 3, Umluft: 180° C) vorheizen. Blätterteig nach Packungsanweisung vorbereiten und eine mit Backpapier ausgelegte Springform (Ø 26 cm) damit auskleiden.

Spinat mit Petersilie verfeinern und mit Salz, Pfeffer und Muskatnuss würzen. Saure Sahne mit Eiern verquirlen, salzen und pfeffern. Garnelen abspülen und trocken tupfen, TK-Garnelen gegebenenfalls auftauen lassen. Spinat und Garnelen unter die Eiermasse heben und auf dem Teig verteilen. Spinatquiche im Backofen auf mittlerer Schiene 30–35 Minuten backen und servieren.

Für 12 Stücke:

1 Zwiebel
1 TL Rapsöl
1 Knoblauchzehe
600 g Blattspinat (TK)
1 Packung fettreduzierter Blätterteig (275 g)
3 EL glatte gehackte Petersilie
Salz, Pfeffer
1 Prise geriebene Muskatnuss
150 g saure Sahne
3 Eier
200 g küchenfertige Garnelen (ersatzweise TK)

Kartoffel-Mangold-Kuchen

5 SmartPoints Wert

fertig in: 85 Minuten | davon aktiv: 45 Minuten
vegetarisch
156 kcal | 654 kJ

Kartoffeln schälen, in Stücke schneiden und in Salzwasser ca. 20 Minuten garen. Mangold waschen, trocken schleudern und in feine Streifen schneiden. Schalotten schälen und würfeln. Backofen auf 180° C (Gas: Stufe 2, Umluft: 160° C) vorheizen.

1 TL Öl in einem Topf auf mittlerer Stufe erhitzen und die Hälfte der Schalottenwürfel darin glasig andünsten. Mangoldstreifen zufügen, ca. 5 Minuten dünsten und mit Salz und Pfeffer würzen. Kartoffeln abgießen, mit Milch zerstampfen und leicht abkühlen lassen. Eier trennen, Eigelb mit Mangoldstreifen unter die Kartoffelmasse rühren und mit Salz, Pfeffer und Muskatnuss würzen. Eiklar steif schlagen und Eischnee unter den Teig heben.

Kastenform (Länge 30 cm) mit restlichem Öl fetten, Kartoffelmasse hineingeben und im Backofen auf mittlerer Schiene 40–45 Minuten backen. Restliche Schalottenwürfel in einem Topf in Wasser ca. 2 Minuten dünsten, mit Tomaten ablöschen, Majoran und Ahornsirup einrühren und mit Salz und Pfeffer würzen. Sauce kurz köcheln lassen und mit Kartoffel-Mangold-Kuchen servieren.

Für 8 Stücke:

1 kg mehligkochende Kartoffeln
Salz, Pfeffer
400 g Mangold (ersatzweise Blattspinat)
2 Schalotten
2 TL Rapsöl
250 ml entrahmte Milch
4 Eier
1 Prise geriebene Muskatnuss
2 EL Wasser
400 g passierte Tomaten (Konserve)
1 TL gehackter Majoran
1 TL Ahornsirup

Ricottaquiche mit Radicchio

5 SmartPoints Wert

fertig in: 90 Minuten | davon aktiv: 45 Minuten
199 kcal | 831 kJ

Mehl mit Margarine, Quark, 1 Ei und 1/2 TL Salz verkneten, zu einer Kugel formen und in Frischhaltefolie gewickelt ca. 30 Minuten kalt stellen. Backofen auf 200° C (Gas: Stufe 3, Umluft: 180° C) vorheizen.

Radicchio waschen, trocken schleudern und in Streifen schneiden. Schnitzel trocken tupfen und in Würfel schneiden. Schalotte schälen und in Streifen schneiden. Öl in einer Pfanne auf hoher Stufe erhitzen und Schnitzelwürfel mit Schalottenstreifen darin 3–5 Minuten rundherum braten. Radicchiostreifen zugeben, mit Brühe ablöschen, mit Honig verfeinern und kurz dünsten.

Teig zwischen Frischhaltefolie rund ausrollen und eine mit Backpapier ausgelegte Springform (Ø 26 cm) damit auskleiden. Restliche Eier trennen, Ricotta mit Milch und Eigelb glatt rühren, Eiklar steif schlagen, Eischnee mit Basilikum unterheben, salzen und pfeffern. Schnitzel-Radicchio-Masse auf dem Teig verteilen und Ricottaguss darübergeben. Ricottaquiche im Backofen auf mittlerer Schiene ca. 35 Minuten backen und servieren.

Für 12 Stücke:

- **225 g Dinkelvollkornmehl**
- **40 g Halbfettmargarine**
- **75 g Magerquark**
- **4 Eier**
- **Salz, Pfeffer**
- **2 Radicchio**
- **250 g Schweineschnitzel**
- **1 Schalotte**
- **2 TL Rapsöl**
- **50 ml Gemüsebrühe (2 Prisen Instantpulver)**
- **1 TL Honig**
- **200 g Ricotta**
- **150 ml fettarme Milch**
- **2 EL gehacktes Basilikum**

Steinpilztarte mit Lauch

6 SmartPoints Wert

fertig in: 85 Minuten | davon aktiv: 45 Minuten
205 kcal | 857 kJ

Eine Tarteform (Ø 28 cm) mit 1 TL Margarine fetten. Mehl mit restlicher Margarine, Wasser, Cheddar, Kümmel und 1/2 TL Salz zu einem glatten Teig verkneten, zu einer Kugel formen und in Frischhaltefolie gewickelt ca. 30 Minuten kalt stellen.

Lauch waschen und in Ringe schneiden. Steinpilze trocken abreiben und in Stücke schneiden. Öl in einer Pfanne auf hoher Stufe erhitzen und Tatar darin krümelig anbraten. Lauchringe und Steinpilzstücke zugeben und auf mittlerer Stufe ca. 10 Minuten dünsten. Backofen auf 200° C (Gas: Stufe 3, Umluft: 180° C) vorheizen.

Saure Sahne mit Frischkäse, Eiern, Kräutern, Paprikapulver, Salz und Pfeffer verrühren. Teig zwischen Frischhaltefolie rund ausrollen und Tarteform damit auskleiden. Steinpilzmasse auf dem Teig verteilen und Guss darübergeben. Steinpilztarte im Backofen auf mittlerer Schiene ca. 40 Minuten backen und servieren.

Für 12 Stücke:

- **100 g Halbfettmargarine**
- **200 g Mehl**
- **2 EL Wasser**
- **50 g geriebener Cheddar, 50 % Fett i. Tr.**
- **1 TL Kümmel**
- **Salz, Pfeffer**
- **2 dünne Stangen Lauch**
- **300 g Steinpilze (ersatzweise Kräuterseitlinge)**
- **1 TL Rapsöl**
- **200 g Tatar**
- **150 g saure Sahne**
- **300 g Frischkäse, bis 1 % Fett absolut**
- **4 Eier**
- **1 EL Kräuter der Provence**
- **1/2 TL Paprikapulver**

Italienische Hähnchen-Spinat-Pizza

5 SmartPoints Wert

fertig in: 75 Minuten | davon aktiv: 50 Minuten
186 kcal | 779 kJ

Für 12 Stücke:

- **450 g Blattspinat (TK)**
- **150 g Magerquark**
- **3 EL Rapsöl**
- **100 ml fettarme Milch**
- **300 g Mehl**
- **1 TL Backpulver**
- **Salz, Pfeffer**
- **1 Knoblauchzehe**
- **400 g Hähnchenbrustfilet**
- **1 Fleischtomate**
- **50 g Tomatenmark**
- **50 ml Wasser**
- **2 TL italienische Kräuter**
- **1 Kugel fettreduzierter Mozzarella**
- **75 g geriebener Käse, 30 % Fett i. Tr.**
- **2 TL gehackte Petersilie**

Spinat auftauen lassen und gut ausdrücken. Quark mit 2 EL Öl und Milch verquirlen. Mehl mit Backpulver und 1/2 TL Salz mischen und unterkneten. Teig zwischen Frischhaltefolie zu einem Rechteck ausrollen und ein mit Backpapier ausgelegtes Backblech damit auskleiden. Backofen auf 220° C (Gas: Stufe 4, Umluft: 200° C) vorheizen.

Knoblauch pressen. Hähnchenbrustfilet abspülen, trocken tupfen und in Streifen schneiden. Restliches Öl in einer Pfanne auf hoher Stufe erhitzen, Hähnchenstreifen darin ca. 3 Minuten rundherum braten, salzen, pfeffern und herausnehmen. Knoblauch und Spinat im Bratensatz auf mittlerer Stufe ca. 5 Minuten dünsten und mit Salz und Pfeffer würzen. Tomate waschen und in dünne Scheiben schneiden.

Tomatenmark mit Wasser und Kräutern verrühren, salzen und pfeffern. Teig damit bestreichen, mit Tomatenscheiben belegen und Spinat und Hähnchenstreifen darauf verteilen. Mozzarella trocken tupfen, in Scheiben schneiden und auf der Pizza verteilen. Pizza mit Käse bestreuen und im Backofen auf mittlerer Schiene ca. 25 Minuten backen. Hähnchen-Spinat-Pizza mit Petersilie bestreuen und servieren.

Provenzalischer Zwiebelkuchen mit Entenbrust

5 SmartPoints Wert

fertig in: 1 Stunde 45 Minuten | davon aktiv: 60 Minuten
151 kcal | 631 kJ

Für 12 Stücke:

1/2 Würfel Hefe
125 ml lauwarmes Wasser
200 g Dinkelvollkornmehl
Salz, Pfeffer
3 TL Rapsöl
je 500 g rote und weiße Zwiebeln
je 1/2 TL gehackter Estragon und Thymian
3 Eier
200 g saure Sahne
4 EL geriebener Parmesan
6 Scheiben geräucherte Entenbrust (180 g)

Hefe zerbröckeln und in Wasser auflösen. Mehl in eine Schüssel geben und in die Mitte eine Vertiefung drücken. Hefemischung hineingießen, etwas verrühren und Vorteig an einem warmen Ort zugedeckt ca. 15 Minuten gehen lassen. Mit 1/2 TL Salz und 2 TL Öl zu einem glatten Teig verkneten und weitere ca. 30 Minuten gehen lassen.

Zwiebeln schälen und in Streifen schneiden. Restliches Öl in einer Pfanne auf mittlerer Stufe erhitzen und Zwiebelstreifen darin mit Deckel 5–10 Minuten dünsten. Backofen auf 200° C (Gas: Stufe 3, Umluft: 180° C) vorheizen. Zwiebeln mit Salz, Pfeffer, Estragon und Thymian würzen. Für den Guss Eier mit saurer Sahne und Parmesan verquirlen, salzen und pfeffern.

Teig gut durchkneten, zwischen Frischhaltefolie rund ausrollen und eine mit Backpapier ausgelegte Springform (Ø 26 cm) damit auskleiden. Entenbrust in Streifen schneiden, mit der Zwiebelmasse mischen und auf dem Teig verteilen. Guss darübergeben, im Backofen auf mittlerer Schiene 35–40 Minuten backen und provenzalischen Zwiebelkuchen servieren.

Rote-Bete-Tarte mit Räucherfisch

3 SmartPoints Wert

fertig in: 60 Minuten | davon aktiv: 25 Minuten
111 kcal | 464 kJ

Für 12 Stücke:

- **1 TL Halbfettmargarine**
- **100 g Mehl**
- **75 g Magerquark**
- **2 EL Rapsöl**
- **1 EL Wasser**
- **Salz, Pfeffer**
- **500 g vorgegarte Rote Bete (vakuumverpackt)**
- **3 geräucherte Forellenfilets (à 60 g)**
- **1/2 unbehandelte Zitrone**
- **3 Eier**
- **200 g Frischkäse, bis 1 % Fett absolut**
- **100 ml fettarme Milch**
- **1 EL Tafelmeerrettich (Glas)**
- **2 EL gehackte Petersilie**

Backofen auf 200° C (Gas: Stufe 3, Umluft: 180° C) vorheizen. Eine Tarteform (Ø 26 cm) mit Margarine fetten. Mehl mit Quark, Öl, Wasser und 1/2 TL Salz zu einem geschmeidigen Teig verkneten.

Teig zwischen Frischhaltefolie rund ausrollen und Tarteform damit auskleiden. Rote Bete und Forellenfilets in Würfel schneiden. Zitronenschale abreiben und Zitronenhälfte auspressen.

Eier mit Frischkäse, Milch, Zitronensaft, Zitronenschale, Meerrettich und Petersilie verquirlen und mit Salz und Pfeffer würzen. Rote-Bete- und Forellenwürfel auf dem Teig verteilen und Meerrettichguss darübergeben. Im Backofen auf mittlerer Schiene ca. 35 Minuten backen und Rote-Bete-Tarte servieren.

Info

Zum Schneiden der Roten Bete ziehst du am besten Handschuhe an, um ein Verfärben der Hände zu vermeiden.

Kleine Kräuterspiralen mit Putenbrust

6 SmartPoints Wert

fertig in: 2 Stunden 45 Minuten | davon aktiv: 45 Minuten
einfrieren
198 kcal | 829 kJ

Hefe zerbröckeln und mit Zucker in Wasser auflösen. Mehl in eine Schüssel geben, in die Mitte eine Vertiefung drücken und Hefemischung hineingießen. Mit etwas Mehl verrühren und Vorteig an einem warmen Ort zugedeckt ca. 15 Minuten gehen lassen. Ei und 1 TL Salz zugeben, zu einem glatten Teig verkneten und weitere ca. 60 Minuten gehen lassen.

Backofen auf 200° C (Gas: Stufe 3, Umluft: 180° C) vorheizen. Teig erneut gut durchkneten und auf Backpapier zu einem Rechteck (ca. 40 x 50 cm) ausrollen. Edamer mit Parmesan, Paprikapulver und Kräutern vermischen und Teig damit bestreuen. Mit Putenbrustaufschnitt belegen und von der langen Seite her fest aufrollen.

Rolle in 10 Scheiben schneiden und mit den Schnittflächen nach oben in eine mit Backpapier ausgelegte Springform (Ø 26 cm) legen. Kräuterspiralen im Backofen auf mittlerer Schiene ca. 45 Minuten backen und servieren.

Für 10 Stück:

- **1/2 Würfel Hefe**
- **1 Prise Zucker**
- **200 ml lauwarmes Wasser**
- **400 g Mehl**
- **1 Ei**
- **Salz**
- **100 g geriebener Edamer, 30 % Fett i. Tr.**
- **3 EL geriebener Parmesan**
- **1/2 TL Paprikapulver**
- **3 EL Kräuter der Provence**
- **100 g Geflügelbrustaufschnitt**

Ziegenkäsetarte mit Feigen

4 SmartPoints Wert

fertig in: 85 Minuten | davon aktiv: 30 Minuten
vegetarisch
152 kcal | 637 kJ

Eine Tarteform (ca. 20 x 25 cm) mit 1 TL Margarine fetten. Mehl mit restlicher Margarine, 1 Ei, Rosmarin, Wasser und 1/2 TL Salz zu einem glatten Teig verkneten, zu einer Kugel formen und in Frischhaltefolie gewickelt ca. 30 Minuten kalt stellen.

Backofen auf 180° C (Gas: Stufe 2, Umluft: 160° C) vorheizen. Teig zwischen Frischhaltefolie rund ausrollen, Tarteform damit auskleiden und im Backofen auf mittlerer Schiene 5–6 Minuten vorbacken. Feigen waschen und in Spalten schneiden. Restliche Eier trennen und Eigelb mit Ziegenfrischkäse, saurer Sahne und Salbei verrühren, mit Salz und Pfeffer würzen. Eiklar steif schlagen und unterheben.

Ziegenkäsecreme auf dem Teig verteilen, Feigenspalten darauf anrichten, salzen, pfeffern und im Backofen auf mittlerer Schiene weitere ca. 30 Minuten backen. Ziegenkäsetarte mit Honig beträufeln und servieren.

Für 12 Stücke:

- **50 g Halbfettmargarine**
- **200 g Mehl**
- **3 Eier**
- **2 TL gehackter Rosmarin**
- **2 EL Wasser**
- **Salz, Pfeffer**
- **6 Feigen**
- **140 g Ziegenfrischkäse, 45 % Fett i. Tr.**
- **150 g saure Sahne**
- **1/2 TL gehackter Salbei**
- **1 TL Honig**

Thunfisch-Tomaten-Tarte

4 SmartPoints Wert

fertig in: 90 Minuten | davon aktiv: 30 Minuten
169 kcal | 706 kJ

1 Ei trennen. Mehl mit 75 g Margarine, Eigelb und 1/2 TL Salz zu einem glatten Teig verkneten, zu einer Kugel formen und in Frischhaltefolie gewickelt ca. 30 Minuten kalt stellen. Thunfisch abtropfen lassen. Tomaten waschen und halbieren. Frischkäse mit saurer Sahne, Eiweiß, restlichen Eiern, Kräutern und Kapern verrühren, Thunfisch untermischen und mit Salz und Pfeffer würzen.

Backofen auf 200° C (Gas: Stufe 3, Umluft: 180° C) vorheizen. Eine Tarteform (Ø 26 cm) mit restlicher Margarine fetten. Teig zwischen Frischhaltefolie rund ausrollen und Tarteform damit auskleiden. Thunfischmasse in die Form geben, Tomatenhälften mit der Schnittfläche nach oben darauf verteilen, leicht eindrücken und Tarte mit Käse bestreuen. Im Backofen auf mittlerer Schiene 35–40 Minuten backen und Thunfisch-Tomaten-Tarte servieren.

Für 12 Stücke:

- **3 Eier**
- **150 g Mehl**
- **80 g Halbfettmargarine**
- **Salz, Pfeffer**
- **1 Dose Thunfisch im eigenen Saft (150 g Abtropfgewicht)**
- **150 g Cocktailtomaten**
- **200 g Frischkäse, bis 1 % Fett absolut**
- **150 g saure Sahne**
- **2 EL italienische Kräuter**
- **1 TL Kapern**
- **70 g geriebener Edamer, 30 % Fett i. Tr.**

Artischocken-Lachs-Pizza

5 SmartPoints Wert

fertig in: 1 Stunde 50 Minuten I davon aktiv: 45 Minuten
einfrieren
139 kcal I 574 kJ

Mehl mit Hefe und 1 TL Salz vermischen, mit Öl und Wasser zu einem glatten Teig verkneten und an einem warmen Ort zugedeckt ca. 45 Minuten gehen lassen. Crème légère mit Frischkäse verrühren. Kapern mit Dill untermischen und mit Salz und Pfeffer würzen. Artischocken abtropfen lassen und vierteln. Paprika waschen, entkernen und in Streifen schneiden. Lachsfilet abspülen, trocken tupfen und in Streifen schneiden.

Backofen auf 220° C (Gas: Stufe 4, Umluft: 200° C) vorheizen. Teig erneut gut durchkneten, zwischen Frischhaltefolie ausrollen und auf ein mit Backpapier ausgelegtes Backblech legen. Teig mit der Creme bestreichen, Artischockenviertel, Paprika- und Lachsstreifen darauf verteilen und mit Parmesan bestreuen. Artischocken-Lachs-Pizza im Backofen auf mittlerer Schiene ca. 35 Minuten backen und servieren.

Für 12 Stücke:

- **350 g Mehl**
- **1 Päckchen Trockenhefe**
- **Salz, Pfeffer**
- **2 TL Olivenöl**
- **190 ml lauwarmes Wasser**
- **3 EL Crème légère**
- **300 g Frischkäse, bis 1 % Fett absolut**
- **2 TL Kapern**
- **1 EL gehackter Dill**
- **1 Dose Artischockenherzen (165 g Abtropfgewicht)**
- **2 rote Paprika**
- **300 g Lachsfilet**
- **50 g geriebener Parmesan**

Birnentarte mit Blauschimmelkäse

4 SmartPoints Wert

fertig in: 50 Minuten | davon aktiv: 20 Minuten
vegetarisch
132 kcal | 551 kJ

Eine Tarteform (Ø 26 cm) mit Margarine fetten. Filoteig nach Packungsanweisung vorbereiten, Blätter aufeinanderlegen und die Form damit auskleiden. Backofen auf 180° C (Gas: Stufe 2, Umluft: 160° C) vorheizen.

Birnen waschen, vierteln, entkernen und in dünne Spalten schneiden. Käse mit einer Gabel zerdrücken, mit Milch, Eiern, Stärke und Thymian verquirlen und mit Salz und Pfeffer würzen.

Birnenspalten auf dem Teig verteilen, Guss darübergeben, Blätter locker zur Mitte hin einklappen, im Backofen auf mittlerer Schiene ca. 30 Minuten backen und Birnentarte servieren.

Für 12 Stücke:

- **1 TL Halbfettmargarine**
- **10 Blätter Filoteig (à 25 g)**
- **2 Birnen (à 150 g)**
- **100 g Blauschimmelkäse, 50 % Fett i. Tr.**
- **75 ml fettarme Milch**
- **2 Eier**
- **1 EL Speisestärke**
- **1 TL gehackter Thymian**
- **Salz, Pfeffer**

Schinken-Champignon-Pizza mit Gemüseboden

4 SmartPoints Wert™

fertig in: 90 Minuten I davon aktiv: 30 Minuten
low carb
125 kcal I 524 kJ

Backofen auf 200° C (Gas: Stufe 3, Umluft: 180° C) vorheizen. Zucchini waschen, längs halbieren und Kerne mit einem Löffel entfernen. Karotten schälen und mit Zucchini fein raspeln. Karotten- und Zucchiniraspel mit 1 TL Salz verkneten und ca. 30 Minuten ziehen lassen.

Gemüseraspel in einem Küchentuch gut ausdrücken und mit Eiern und Mehl zu einem Teig vermengen. Knoblauch dazupressen und mit Salz und Pfeffer würzen. Teig auf ein mit Backpapier ausgelegtes Backblech geben, festdrücken und im Backofen auf unterster Schiene 20–25 Minuten backen.

Tomaten in einer Pfanne auf mittlerer Stufe erhitzen, ca. 20 Minuten köcheln lassen und mit Salz, Pfeffer und Oregano würzen. Schinken in Streifen schneiden und Champignons halbieren. Gemüseboden mit Tomaten-Oregano-Sauce bestreichen und mit Schinkenstreifen und Champignonhälften belegen. Mit Käse bestreuen, weitere ca. 15 Minuten im Backofen backen und Schinken-Champignon-Pizza servieren.

Für 6 Personen:

4 große Zucchini (800 g)
3 Karotten (600 g)
Salz, Pfeffer
3 Eier
3 EL Mehl
2 Knoblauchzehen
400 g stückige Tomaten (Konserve)
1 EL gehackter Oregano
100 g gekochter Schinken
100 g Champignons (Konserve)
100 g geriebener Käse, 30 % Fett i. Tr.

Mediterrane Hähnchen-Tomaten-Tarte

5 SmartPoints Wert

fertig in: 80 Minuten | davon aktiv: 30 Minuten
175 kcal | 733 kJ

Für 12 Stücke:

- **200 g Mehl**
- **Salz, Pfeffer**
- **60 g Halbfettmargarine**
- **125 g Magerquark**
- **280 g Hähnchenbrustfilet**
- **1 TL Rapsöl**
- **1/2 TL Paprikapulver**
- **250 g Cocktailtomaten**
- **4 Eier**
- **200 g Frischkäse, bis 1 % Fett absolut**
- **100 ml fettarme Milch**
- **3 EL gemischte gehackte Kräuter (z. B. Schnittlauch, Oregano, Thymian)**
- **1 Kugel fettreduzierter Mozzarella**

Backofen auf 180° C (Gas: Stufe 2, Umluft: 160° C) vorheizen. Mehl mit 1/2 TL Salz vermischen und mit Margarine und Quark zu einem glatten Teig verkneten. Teig zwischen Frischhaltefolie rund ausrollen und eine Tarteform (Ø 28 cm) damit auskleiden. Mit einer Gabel mehrmals einstechen und im Backofen auf mittlerer Schiene ca. 15 Minuten vorbacken.

Hähnchenbrustfilet abspülen, trocken tupfen und in Würfel schneiden. Öl in einer Pfanne auf mittlerer bis hoher Stufe erhitzen und Hähnchenbrustwürfel darin ca. 3 Minuten rundherum braten. Mit Salz, Pfeffer und Paprikapulver würzen und zur Seite stellen. Tomaten waschen. Für den Guss Eier mit Frischkäse, Milch und Kräutern verquirlen und mit Salz und Pfeffer würzen. Mozzarella trocken tupfen und würfeln.

Hähnchenbrustwürfel mit Tomaten auf dem Teig verteilen, Guss darübergeben und mit Mozzarellawürfeln bestreuen. Hähnchen-Tomaten-Tarte im Backofen auf mittlerer Schiene 45–50 Minuten backen und servieren.

Fenchel-Lachs-Kuchen mit Zitronenguss

6 SmartPoints Wert

fertig in: 2 Stunden 35 Minuten | davon aktiv: 60 Minuten
187 kcal | 781 kJ

Hefe zerbröckeln und mit Zucker in 150 ml Milch auflösen. Mehl in eine Schüssel geben, in die Mitte eine Vertiefung drücken und Hefemilch hineingießen. Mit etwas Mehl verrühren und Vorteig an einem warmen Ort zugedeckt ca. 15 Minuten gehen lassen. Margarine und 1 TL Salz dazugeben, zu einem glatten Teig verkneten und weitere ca. 60 Minuten gehen lassen.

Fenchel waschen, halbieren, den Strunk entfernen und Fenchel in feine Streifen schneiden. Fenchelgrün hacken und zur Seite stellen. Öl in einer Pfanne auf mittlerer Stufe erhitzen, Fenchelstreifen darin mit Deckel ca. 5 Minuten dünsten, mit Salz und Pfeffer würzen und Fenchelgrün untermischen. Lachsfilet abspülen, trocken tupfen und in Streifen schneiden.

Backofen auf 200° C (Gas: Stufe 3, Umluft: 180° C) vorheizen. Zitronenschale abreiben und Zitrone auspressen. Quark mit restlicher Milch glatt rühren, Eier, 3 EL Zitronensaft und -schale untermischen und mit Salz und Pfeffer würzen. Teig erneut gut durchkneten, zwischen Frischhaltefolie rund ausrollen und eine mit Backpapier ausgelegte Springform (Ø 26 cm) damit auskleiden.

Fenchelstreifen auf dem Teig verteilen, Lachsstreifen darüberstreuen und Zitronenguss darübergeben. Im Backofen auf mittlerer Schiene 40–45 Minuten backen und Fenchel-Lachs-Kuchen servieren.

Für 12 Stücke:

- **1/2 Würfel Hefe**
- **1 Prise Zucker**
- **250 ml lauwarme fettarme Milch**
- **270 g Mehl**
- **50 g Halbfettmargarine**
- **Salz, Pfeffer**
- **3 Fenchelknollen (ca. 600 g)**
- **2 TL Rapsöl**
- **300 g Lachsfilet**
- **1 unbehandelte Zitrone**
- **125 g Magerquark**
- **3 Eier**

Spargelquiche mit Tomaten und Basilikum

5 SmartPoints Wert

fertig in: 95 Minuten | davon aktiv: 30 Minuten
vegetarisch
128 kcal | 537 kJ

Für 12 Stücke:

- **220 g Mehl**
- **Salz, Pfeffer**
- **100 g Halbfettmargarine**
- **4 EL kaltes Wasser**
- **500 g weißer Spargel**
- **400 g Cocktailtomaten**
- **1/2 Bund Basilikum**
- **150 g Crème légère**
- **2 Eier**
- **1 Kugel fettreduzierter Mozzarella**

Mehl mit 1/2 TL Salz, Margarine und Wasser verkneten. Teig zu einer Kugel formen, in Frischhaltefolie wickeln und ca. 30 Minuten kalt stellen. Spargel schälen, die holzigen Enden abschneiden, Spargel in ca. 3 cm lange Stücke schneiden und in Salzwasser ca. 5 Minuten garen. Spargelstücke abgießen und abkühlen lassen. Backofen auf 200° C (Gas: Stufe 3, Umluft: 180° C) vorheizen.

Teig zwischen Frischhaltefolie ausrollen und eine mit Backpapier ausgelegte Springform (Ø 26 cm) damit auskleiden, dabei einen ca. 3 cm hohen Rand hochziehen. Teig mehrmals mit einer Gabel einstechen und im Backofen auf mittlerer Schiene ca. 10 Minuten vorbacken.

Tomaten und Basilikum waschen. Tomaten in Würfel schneiden, Basilikum trocken schütteln und fein hacken. Spargelstücke, Tomatenwürfel und Basilikum mischen und auf dem Teig verteilen.

Crème légère mit Eiern verquirlen, salzen, pfeffern und über die Spargelmischung geben. Mozzarella trocken tupfen und in Scheiben schneiden. Quiche damit belegen und im Backofen auf mittlerer Schiene ca. 35 Minuten backen. Spargelquiche servieren.

Du liebst Gouda? Du kannst die Quiche auch mit 3 Scheiben in Streifen geschnittenen Weight Watchers Jungen Gouda belegen. Der SmartPoints Wert ändert sich nicht.

Eine Lösung für jedes Problem

Sigrid geht total in ihrer Arbeit auf, isst leidenschaftlich gerne und hat eigentlich keine Lust auf Sport. Kann man so wirklich abnehmen? „Mit Weight Watchers funktioniert das", lacht die 34-jährige Mutter einer kleinen Tochter. „Denn das Programm bietet so viele Lösungen: Eine hat für mich immer gepasst!"

Name: Sigrid
Alter: 34 Jahre
Erfolg: -25 kg
Teilnahme: Online

Als Sigrid nach dem Studium ihre erste Stelle antritt, stürzt sie sich ins Berufsleben: „Ich bin mit meiner Arbeit total verbunden und auch zu 100 Prozent für meinen Job da", erklärt die IT-Projektmanagerin aus Heidenheim. „Da war es schwierig, Zeit fürs Essen zu finden – geschweige denn für eine ausgewogene Ernährung." Nach einem Jahr im Beruf hat sie fast 20 Kilo zugelegt. Während ihrer Schwangerschaft zwei Jahre später beschäftigt sie sich zum ersten Mal intensiv mit gesunder Ernährung. Doch als sie nach der Geburt ihrer Tochter wieder Vollzeit arbeitet, rücken die guten Vorsätze in weite Ferne. Ihre Schwester empfiehlt ihr vor zwei Jahren Weight Watchers. „Ich dachte immer, da gibt es nur die Treffen – nichts für mich als geborene Einzelgängerin", sagt Sigrid. Weight Watchers Online dagegen kommt der IT-Expertin entgegen – privat und beruflich. In nur einem Jahr sind 25 Kilo weg.

Die 34-Jährige hat zuvor schon so manche Diät ausprobiert und auch versucht, ihre Ernährung auf eigene Faust umzustellen. Tagelang is(s)t sie sehr diszipliniert, doch ein einziger Ausrutscher macht alle Anstrengungen zunichte.

Diese „totalen Aufgabemomente" sind mit Weight Watchers schnell vergessen – dank des Wochenextras. „Selbst wenn man mal gesündigt hat, geht es weiter", das ist Sigrids Aha-Effekt. Zudem hat sie sich bewusst gemacht, wie wichtig es ist, auf Obst und Gemüse, Fette und Mineralstoffe wie Calcium zu achten. Für die 34-Jährige wird es fast zu einem Hobby, auf die gesunde Zusammensetzung der Nahrung zu achten. Weight Watchers funktioniert für die Vegetarierin auch deshalb so gut, weil die vielen Lebensmittel mit dem SmartPoints Wert 0 es ihr ermöglichen, auch immer mal wieder eine richtig große Portion zu essen.

Moment! War Sigrid nicht ein Sportmuffel?

„Kurz bevor ich bei Weight Watchers gestartet bin, hatte mich ein Kollege überredet, mit ihm Joggen zu gehen. Das habe ich gemacht, aber nicht mit großer Begeisterung", erzählt die 34-Jährige. Doch erst mit Weight Watchers hat sie verstanden, wie wichtig Bewegung fürs Abnehmen ist. Mehr noch: Für Sigrid ist es ein großer Ansporn, dass sie sich mit Sport Activ-Points verdienen und mal ein Essens-Extra gönnen kann.

Endlich Lust auf Wellness

Mit ihrer schlanken Figur entdeckt sich Sigrid neu: „Ich nehme mich heute selbst wichtiger als früher." Ihre Wellness-Sessions sind in der Familie berüchtigt. Stundenlang zieht sie sich dann ins Bad zurück, verwöhnt sich mit Haarkuren, Körperpeelings und Fußbädern und fühlt sich einfach nur schön! Wie toll sie aussieht, bestätigen ihr viele Komplimente-Macher: ihre kleine Tochter, ihr Freund – und sogar die Kassiererin im Supermarkt.

Wenn du wie Sigrid durchstarten möchtest, dann schau einfach bei einem Treffen oder Online vorbei:

www.weightwatchers.de/treffen

So schafft es Sigrid Tag für Tag – ihre 3 Erfolgstipps:

- Wenn ich mal mit dem Essen doch sündige, gebe ich dank der Wochenextras nicht mehr auf.
- Ich versuche, über die Woche gesehen möglichst viele verschiedenfarbige Gemüse zu essen, weil jede Farbe für andere Vitamine steht.
- Als figurfreundlichen Snack wähle ich gerne Mandeln – die haben viele gesunde Fette.

Autorin: Silke Bruns
Fotografin: Tania Walck

Register nach Alphabet

A

Aromatische Kürbis-Nuss-Quiche 60
Artischocken-Lachs-Pizza 95

B

Birnentarte mit Blauschimmelkäse 96
Blumenkohlauflauf mit pikantem Meerrettichguss 48
Bologneseauflauf mit Zucchini 44

C

Cannelloni mit Gemüsefüllung 23
Cremiges Nudel-Hähnchen-Gratin 39

E

Exotische Schnitzel-Hawaii-Lasagne 11

F

Fenchel-Lachs-Kuchen mit Zitronenguss 103
Fruchtiger Kokos-Hähnchen-Auflauf 8

G

Gefüllter Hokkaidokürbis mit Steakwürfeln ▶ 52
Gefüllte Schmorgurke mit Räucherlachs 15
Gemüse-Nudel-Auflauf mit Rucolapesto 16
Gemüsepizza mit Polenta-Hack-Boden 63
Griechische Tarte mit Schafskäse 71

H

Herzhafter Wirsing-Quark-Kuchen 67

I

Italienische Hähnchen-Spinat-Pizza 83

K

Kabeljaugratin mit Artischocken 24
Kartoffelflammkuchen mit Feldsalat ▶ 59
Kartoffel-Mangold-Kuchen 76
Kasseler-Lauch-Auflauf mit Püree 36
Klassisches Spargel-Kartoffel-Gratin 43
Kleine Kräuterspiralen mit Putenbrust ▶ 88
Knuspriger Geflügel-Spargel-Auflauf 27

L

Lauch-Apfel-Flammkuchen 64
Leichter Kohlrabi-Schinken-Auflauf 36

M

Mediterrane Hähnchen-Tomaten-Tarte 100
Mexikanische Käsetortillas 31
Mini-Broccoli-Pizzen mit Putenbrustfilet 72

P

Pikanter Spitzkohlauflauf mit Garnelen 40
Provenzalischer Zwiebelkuchen mit Entenbrust 84

R

Ricottaquiche mit Radicchio 79
Rotbarsch mit Couscouskruste 24
Rote-Bete-Tarte mit Räucherfisch 87

S

Salamipizza mit Mozzarella 56
Sauerkraut-Schnitzel-Auflauf mit Apfel 20
Schinken-Champignon-Pizza mit Gemüseboden 99
Schweinefiletgratin auf Brot 19
Spargelquiche mit Tomaten und Basilikum 104
Spinatquiche mit Garnelen 75
Spitzkohl-Spätzle-Auflauf mit Nusskruste 51
Steinpilztarte mit Lauch 80

T

Thunfisch-Oliven-Blech 68
Thunfisch-Tomaten-Tarte 92
Tomaten-Linsen-Lasagne 28

U

Überbackene Pastramisandwiches 35

W

Weißkohl-Tofu-Gratin 12
Weißkohltopf mit Püreehaube 32
Würziges Spinat-Kartoffel-Soufflé 47

Z

Ziegenkäsetarte mit Feigen 91

Lust auf...

... etwas Besonderes?

Exotische Schnitzel-Hawaii-Lasagne 11
Fenchel-Lachs-Kuchen mit Zitronenguss 103
Provenzalischer Zwiebelkuchen mit Entenbrust 84
Schweinefiletgratin auf Brot 19
Steinpilztarte mit Lauch 80
Überbackene Pastramisandwiches 35

... Exotisches?

Exotische Schnitzel-Hawaii-Lasagne 11
Fruchtiger Kokos-Hähnchen-Auflauf 8
Mexikanische Käsetortillas 31

... Fisch und Meeresfrüchte?

Artischocken-Lachs-Pizza 95
Fenchel-Lachs-Kuchen mit Zitronenguss 103
Gefüllte Schmorgurke mit Räucherlachs 15
Kabeljaugratin mit Artischocken 24
Pikanter Spitzkohlauflauf mit Garnelen 40
Rotbarsch mit Couscouskruste 24
Rote-Bete-Tarte mit Räucherfisch 87
Spinatquiche mit Garnelen 75
Thunfisch-Oliven-Blech 68
Thunfisch-Tomaten-Tarte 92

... Fleisch?

Exotische Schnitzel-Hawaii-Lasagne 11
Gefüllter Hokkaidokürbis mit Steakwürfeln 52
Kasseler-Lauch-Auflauf mit Püree 36
Sauerkraut-Schnitzel-Auflauf mit Apfel 20
Schweinefiletgratin auf Brot 19
Überbackene Pastramisandwiches 35

... Geflügel?

Cremiges Nudel-Hähnchen-Gratin 39
Fruchtiger Kokos-Hähnchen-Auflauf 8
Italienische Hähnchen-Spinat-Pizza 83
Kleine Kräuterspiralen mit Putenbrust 88
Knuspriger Geflügel-Spargel-Auflauf 27
Mediterrane Hähnchen-Tomaten-Tarte 100
Mini-Broccoli-Pizzen mit Putenbrustfilet 72
Provenzalischer Zwiebelkuchen mit Entenbrust 84

... Klassiker?

Cannelloni mit Gemüsefüllung 23
Kasseler-Lauch-Auflauf mit Püree 36
Klassisches Spargel-Kartoffel-Gratin 43
Salamipizza mit Mozzarella 56

... Low Carb?

Schinken-Champignon-Pizza mit Gemüseboden 99

... Mediterranes?

Cannelloni mit Gemüsefüllung 23
Griechische Tarte mit Schafskäse 71
Italienische Hähnchen-Spinat-Pizza 83
Mediterrane Hähnchen-Tomaten-Tarte 100
Provenzalischer Zwiebelkuchen mit Entenbrust 84
Ricottaquiche mit Radicchio 79
Thunfisch-Oliven-Blech 68
Ziegenkäsetarte mit Feigen 91

... Vegetarisch?

Aromatische Kürbis-Nuss-Quiche 60
Birnentarte mit Blauschimmelkäse 96
Blumenkohlauflauf mit pikantem Meerrettichguss 48
Kartoffel-Mangold-Kuchen 76
Klassisches Spargel-Kartoffel-Gratin 43
Lauch-Apfel-Flammkuchen 64
Spargelquiche mit Tomaten und Basilikum 104
Spitzkohl-Spätzle-Auflauf mit Nusskruste 51
Weißkohl-Tofu-Gratin 12
Würziges Spinat-Kartoffel-Soufflé 47
Ziegenkäsetarte mit Feigen 91

... wenig Abwasch?

Birnentarte mit Blauschimmelkäse 96
Kabeljaugratin mit Artischocken 24
Kleine Kräuterspiralen mit Putenbrust 88
Tomaten-Linsen-Lasagne 28
Überbackene Pastramisandwiches 35

Deine Meinung ist gefragt!

Wie gefällt dir dieses Buch?
Sind deine Erwartungen erfüllt? Hast du Anregungen oder Ideen?
Jedes Lob, aber auch Kritik hilft uns dabei, noch besser zu werden.

Wir freuen uns auf deine Bewertung dieses Kochbuchs unter:
weightwatchers-shop.de

Oder schicke uns eine E-Mail an:
leserservice@weight-watchers.de

Dein Weight Watchers Leserservice

Diese Bücher könnten dir auch gefallen!

So hältst du die Woche einfach durch, ohne in die Kalorienfalle zu tappen: die besten Rezepte für einen guten Start in den Tag, für ein gesundes Mittagessen im Büro und für einen entspannten Abend.

ISBN 978-3-9816174-5-0

Das neue große Kochbuch mit den besten Weight Watchers Fleisch- und Hackfleisch-Rezepten für jede Gelegenheit.

ISBN 978-3-9816174-8-1

Impressum

Redaktion
Weight Watchers
Claudia Braun, Semra Jaradat

Realisierung
The Food Professionals Köhnen AG, Sprockhövel

Projektleitung
Silke Höpker

Rezepte
Ingrid Schmand, Kathrin Schmitt

Versuchsküche
Judith Balks, Dennis Webers

Fotografie
Klaus Arras, Dirk Przibylla
Thinkstock (Seiten 4, 5)

Foodstyling
Katja Briol, Marc Fleischer, Marion Haggert,
Sylvia Hartmann, Stefan Mungenast

Gestaltungskonzept und Grafik
The Food Professionals Köhnen AG, Sprockhövel
Petra Penker, Anja Reins

Druck
paffrath print & medien GmbH, Remscheid

2. Auflage 2017

weight watchers

Info-Hotline 01802-23 45 64*
www.weightwatchers.de

*0,06 €/Anruf aus dem Festnetz, Mobilfunk höchstens 0,42 €/Minute.

PEFC
PEFC/04-31-1066

PEFC zertifiziert
Dieses Papier stammt aus nachhaltig bewirtschafteten Wäldern und kontrollierten Quellen.

www.pefc.de